北语社民族版汉语口语系列教材

直捷 [高级本] 上

→ 汉语口语

ZHIJIE HANYU KOUYU

陈光磊/主　编

王景丹/副主编

王景丹　马小玲　宛新政/编　著

U0781861

北京语言大学出版社
BEIJING LANGUAGE AND CULTURE
UNIVERSITY PRESS

图书在版编目（CIP）数据

直捷汉语口语：高级本．上册／陈光磊主编；王
景丹，马小玲，宛新政，编著．—北京：北京语言大学
出版社，2010.6（2016.12 重印）
ISBN 978-7-5619-2771-7

Ⅰ.①直… Ⅱ.①陈… ②王… ③马… ④宛 Ⅲ.
①汉语－口语－民族学校：高等学校－教材 Ⅳ.
①H193.2

中国版本图书馆 CIP 数据核字（2010）第 092929 号

书　　　名：	直捷汉语口语：高级本．上册
责任编辑：	金季涛
责任印制：	姜正周

出版发行：**北京语言大学出版社**

社　　　址：	北京市海淀区学院路 15 号　邮政编码：100083
网　　　址：	www.blcup.com
电　　　话：	发行部　82303648/3591/3651
	编辑部　82303390
	读者服务部　82303653
	网上订购电话　82303908
	客户服务信箱　service@blcup.com
印　　　刷：	北京画中画印刷有限公司
经　　　销：	全国新华书店

版　　　次：	2010 年 6 月第 1 版　2016 年 12 月第 5 次印刷
开　　　本：	787 毫米×1092 毫米　1/16　印张：8.75
字　　　数：	169 千字
书　　　号：	ISBN 978-7-5619-2771-7/H·10145
定　　　价：	20.00 元

凡有印装质量问题，本社负责调换。电话：82303590

前　言

　　《直捷汉语口语》是为母语非汉语的我国少数民族汉语学习者编写的口语系列教材，可用于课堂教学，也可用于个人自学。

　　对国内少数民族进行汉语教学是一种以汉语作为第二语言的教学。它同以外国人为对象、以汉语作为外语的汉语教学在性质和特点上有所不同。所以，我们的教材在内容编排和训练策略等方面力求较好地体现汉语作为第二语言教学的要求。

　　本教材由初、中、高三级六册（每级分上、下册）的课本构成系列。初级课本以情景为依托、中级课本以功能为线索、高级课本以话题为项目，从低到高，循序渐进而又富有成效地提升学习者对汉语话语的理解接受和自主表达能力，也就是汉语口语的交际能力。

　　本教材以口语技能训练为任务，所以不对有关的词语用法和句法构造作知识性的注释说解，但编制的练习面广量多，意在淡化"教师讲"，而突出"学生练"。每册课本都按其教学要求而设置相关的练习项目。在教学中，可根据实际情况对练习作适当的调整和增减，更可加以变通创新。

　　我们几名编者都是对外汉语教师，虽然也进行和涉及过少数民族的汉语教学，但编写这样的教材也还只是探索和尝试，又加水平的限制，教材编写上不可避免会存在不足，衷心地希望和欢迎得到大家的批评指教和帮助！

　　在教材的编写过程中，经由北京语言大学出版社王远先生的沟通，我们得到了少数民族地区的一些教师对课本内容和练习方式提出的宝贵意见，谨此向他们表示诚挚的感谢！

编　者
于复旦大学国际文化交流学院

编写说明

一、《直捷汉语口语》(高级本)共 36 课,分上、下两册,每册 18 课。每课由课文、词语、练习三部分组成。每课教学课时建议为 6 课时。

二、本教材以话题为基本编写线索,有"健康、旅游、体育、交通、广告、美食、留学"等 36 个话题,每一课为一个话题。

三、本教材所选词语大多为《汉语水平词汇与汉字等级大纲》所列的丙级词和丁级词,也有部分乙级词。

四、为了从多角度提高学生的汉语水平,本教材上、下两册的练习稍有不同。不过,每课设置的练习都在八项以上,主要包括:(一)语音语调练习,训练学生用正确的语音语调朗读出本课的重点句式;(二)选择填空,结合句子填空练习使学生进一步掌握本课生词;(三)用指定词语完成句子或对话,帮助学生熟练掌握汉语口语中的常用表达形式;(四)成段表达,帮助学生操练巩固并扩展课文所学内容;(五)分组讨论,培养学生运用汉语与人议论、商讨的能力;(六)主题发言,培养学生能够顺畅地表达自己的想法和观点;(七)听力理解,听短文完成练习,使学生汉语听说能力同步提高;(八)看图说话,培养、提高学生汉语表达能力。

这些练习可以分组进行,也可以结对进行。在实际教学中,可根据具体情况对练习作适当的调整和增减。另外,在练习中出现的一些补充生词,可作为一般认知处理,也可用于教学以扩大词汇量。

五、本教材各课的课文、词语以及部分练习内容均配有录音磁带。

编　者

于复旦大学国际文化交流学院

目　录

周末怎么过

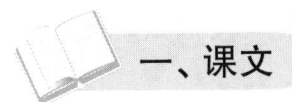 一、课文

（一）

古　丽：唉，每天工作都这么忙，我就盼着早点儿到周末。

玉　华：周末你们都干什么呀？

王振涛：我这个人爱干净，每个周末一定要先打扫打扫房间，然后再干别的。

古　丽：那你周末还是很累呀。我就和你不同，我平时打扫房间，到了周末，我常常出去逛街，甭提有多高兴了。

玉　华：我觉得周末最好先睡个懒觉，想睡到什么时候就睡到什么时候。小亮，你呢？

小　亮：我周末的时候，最喜欢找朋友聊天儿了。我巴不得多见几个朋友，说说一周的新鲜事儿。

古　丽：看来，大家的周末还都是很有意思的呀。

玉　华：那是啊，周末嘛，就应该大玩儿特玩儿，大睡特睡。

王振涛：还有一条，应该大吃特吃。

小　亮：对，没错儿，我平时甭提有多忙了，吃饭净对付，周末的时候，一定要好好犒劳一下自己。

玉　华：怎么犒劳啊？是自己做还是出去吃？

古　丽：当然是出去吃了。我常常是先去逛街，逛累了，就找一家自己满意的小饭馆儿，坐下来，慢慢地品尝美味。

小　亮：饭馆儿的饭有什么好吃的呀？我最喜欢自己在家里做，那才叫有滋有味儿呢。

玉　华：我也喜欢在家做，就是有点儿麻烦。

王振涛：谁说不是呢，又买菜，又择菜，又洗菜，烦也烦死了。

古　丽：所以呀，还是跟我一样，到饭馆儿去吃吧。

小　亮：我可不去饭馆儿，我宁肯在家麻烦一些，也不去饭馆儿吃饭。

玉　华：对，还是自己做的饭菜香啊！

（二）

古　丽：明天是星期六,咱们去逛街吧,这次一定得大逛特逛。

晓　华：我宁肯在家看书,也不去逛街。

时玉春：就是,我宁肯一个人喝喝茶,也不去凑那热闹。

古　丽：逛街多好啊,可以感受时尚的气息。再说了,周末不就是应该好好休息休息吗? 干吗还看书呀?

晓　华：我刚借了一本书,平时没时间看,就得利用周末抓紧时间。

时玉春：看书多累啊,还是喝茶好,多悠闲哪。

古　丽：喝茶是老年人的事儿,咱们这么年轻还是应该多动动。走吧,陪我去逛街。

时玉春：别别别,我可不去,就你,一个商店能逛三个钟头,我可受不了。我巴不得一个人休息一会儿。

晓　华：就是,我宁肯一个人散散步,也不去逛街。

古　丽：和你们俩怎么就没有共同语言呢? 逛街多有意思啊,想买就买,不想买就看,真是再好不过了。

时玉春：可是我们的兴趣不在逛街上啊。

晓　华：所以呀,你还是饶了我们,去找你那志同道合的逛街伙伴吧。

古　丽：唉,那只好这样了,祝你们周末愉快!

晓　华：也祝你逛街快乐!

（三）

工薪族的快乐周末

当我们还是孩子的时候,总是盼望着能早日长大。可是长大以后,面对工作、家庭的压力,我们又总是忍不住一次次回忆起年少时的无忧无虑、纯真无邪。生在农村的我,在父辈的帮助和自己的努力下,终于在城市的高楼里有了属于自己的家。可是,当我每天坐在宽敞、明亮的办公室时,却会一次次想起农村的田野。

周末休息时,我总爱携家带口,往离城区不远的亲戚家跑。表面上看,我们是去走访亲戚,联络亲情,其实是为了缓解一下工作的压力。有道是知足常乐,作为工薪族,我们在周末享受着平凡的快乐!

亲戚很好客,知道我们要来,一大早就去野地里摘回了几样城里卖得正俏的野菜,又从自家菜园里采回新鲜的黄瓜、番茄;亲戚家屋后的桃子也熟了,他让我们亲手去摘,体验一下农家的乐趣。

快乐的时间总感觉过得特别快。一会儿工夫，碧绿的清炒野菜、诱人的番茄和刚刚切好散发着淡淡清香的香瓜，已经摆满了一大桌。亲友们围坐在一起，有滋有味儿地吃着，开心快乐地聊着，尽情地喝着。

农家人喝酒，比城里人少了几分斯文。只要不是农忙时节，不管酒量如何，一人最少也得一瓶啤酒。至于喝法，倒在大碗里喝也好，直接用瓶饮也罢，全看个人的爱好和习惯。感受着阵阵拂面的微风，品尝着清爽怡人的啤酒，一切烦恼都抛到了脑后，我们尽情地享用着眼前的美味，增进着与亲友之间的感情。

（根据红袖添香网 2005 年 7 月 5 日《工薪族的快乐周末》改写）

二、生词及短语

1.	盼	（动）	pàn	16.	悠闲	（形）	yōuxián
2.	逛街		guàng jiē	17.	饶	（动）	ráo
3.	甭	（副）	béng	18.	志同道合		zhì tóng dào hé
4.	懒	（形）	lǎn	19.	伙伴	（名）	huǒbàn
5.	巴不得	（动）	bābude	20.	工薪族		gōngxīnzú
6.	净	（副）	jìng	21.	压力	（名）	yālì
7.	对付	（动）	duìfu	22.	无忧无虑		wú yōu wú lǜ
8.	犒劳	（动）	kàoláo	23.	纯真无邪		chúnzhēn wúxié
9.	品尝	（动）	pǐncháng	24.	携家带口		xié jiā dài kǒu
10.	有滋有味儿		yǒu zī yǒu wèir	25.	缓解	（动）	huǎnjiě
11.	择	（动）	zhái	26.	知足常乐		zhīzú chánglè
12.	宁肯	（副）	nìngkěn	27.	碧绿	（形）	bìlǜ
13.	时尚	（名）	shíshàng	28.	斯文	（形）	sīwen
14.	气息	（名）	qìxī	29.	拂	（动）	fú
15.	抓紧		zhuā jǐn	30.	清爽	（形）	qīngshuǎng

三、练习

（一）用正确的语调读出下列句子，注意画线部分：

1. 我周末的时候，最喜欢找朋友聊天儿。我<u>巴不得</u>多见几个朋友，说说一周的新鲜事儿。

2. 别别别，我可不去，<u>就你</u>，一个商店能逛三个钟头，<u>我可受不了</u>。我巴不得一个人休息一会儿。

3. 到了周末,我常常出去逛街,甭提有多高兴了。

4. 对,没错儿,我平时甭提有多忙了,吃饭净对付,周末的时候,一定要好好犒劳一下自己。

5. 看书多累啊,还是喝喝茶好,多悠闲哪。

6. 那是啊,周末嘛,就应该大玩儿特玩儿,大睡特睡。

7. 我可不去饭馆儿,我宁肯在家麻烦一些,也不去饭馆儿吃饭。

8. 我宁肯在家看书,也不去逛街。

(二) 选择适当词语完成句子:

抓紧　悠闲　犒劳　纯真无邪　压力　碧绿

1. 他喜欢一个人＿＿＿＿＿地听音乐。

2. 我很想念小时候＿＿＿＿＿的小伙伴们。

3. 马上就要考试了,请大家一定要＿＿＿＿＿时间。

4. 现在社会竞争很激烈,年轻人都感到＿＿＿＿＿很大。

5. 你累了吧,今天我做好吃的饭菜来＿＿＿＿＿你。

6. 我特别喜欢＿＿＿＿＿的田野。

(三) 用"宁肯……,也……"或"宁可……,也……"完成对话:

1. A：我们周末去爬山,好吗?
   B：＿＿＿＿＿＿＿＿＿＿＿＿＿＿＿。

2. A：星期天去逛街吧?
   B：＿＿＿＿＿＿＿＿＿＿＿＿＿＿＿。

3. A：我们班明天一起去饭店吃饭,你也一起去吧。
   B：＿＿＿＿＿＿＿＿＿＿＿＿＿＿＿。

4. A：你为什么不想当导游啊?
   B：＿＿＿＿＿＿＿＿＿＿＿＿＿＿＿。

5. A：今天晚上咱们去看电影吧。
   B：＿＿＿＿＿＿＿＿＿＿＿＿＿＿＿。

6. A：逛街的时候,你怎么不买东西呀?
   B：＿＿＿＿＿＿＿＿＿＿＿＿＿＿＿。

(四) 成段表达:

学生应该怎样安排自己的周末?

参考词语:

盼	巴不得	对付
犒劳	有滋有味儿	宁肯
抓紧	悠闲	缓解压力

表达思路:先正面论述,再假设相反的情况。

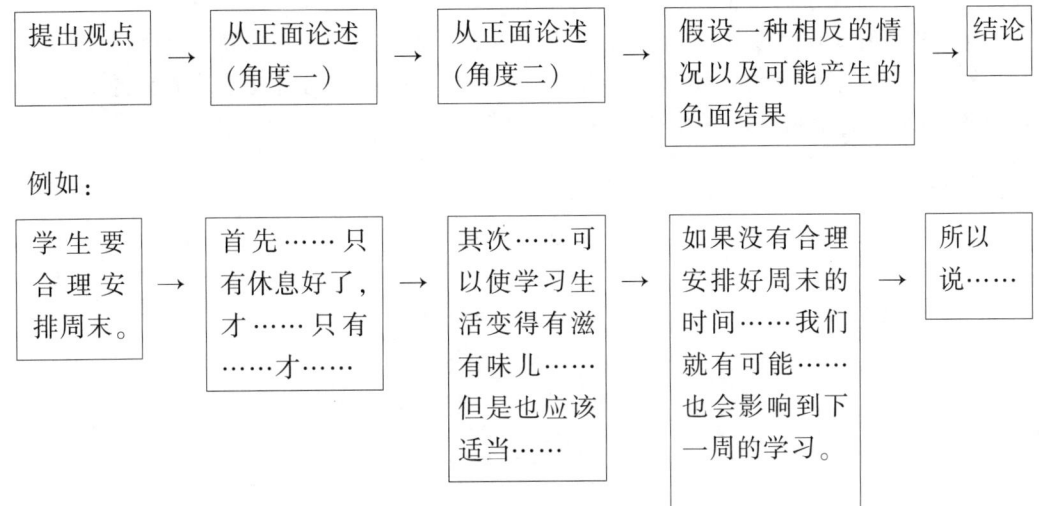

例如：

（五）分组讨论：

1. 在紧张地学习、工作之后，你认为最好的休息方式是什么？说明理由。

2. 你现在巴不得马上要做的事情是什么？为什么？

3. 有人说，不会休息的人就不会工作，你认为对吗？说说你的理由。

（六）主题发言：

以"周末应该这样过"为题准备主题发言，提出自己的观点，并说明理由。

（七）听力理解：

周　末

今天是周末，我带着儿子去一个大城市旅游。刚刚走进一个公园，儿子就迫不及待地说："妈妈，咱们租两辆自行车好吗？"

"不行。"我立刻反对。二年级的儿子刚学会骑自行车，而且，他以前没到过大城市，显然不知道大城市的公园和家乡小镇的街心花园有着天壤之别。这里到处是人，慢跑的、遛狗的、散步的，骑车多危险！

可是，儿子失望的表情让我觉得内疚，毕竟这次旅行的目的是庆祝他 8 岁的生日。"儿子，这里不适合骑车！"我尽量让自己的话听起来合情合理，"你不想去参观博物馆吗？那可是很有意思的地方。还有……"

"可是，我只想骑自行车。妈妈，您就答应了吧！"小家伙拉着我的手，很着急的样子。我想：这个周末我应该让儿子开心，只要他高兴就好了。想到这儿，我改变了主意，说："行，咱们现在就去租车。"

交完钱，我们挑出两辆自行车，特殊的旅行开始了。路上的人果然很多，每次看到儿子左右摇摆或者偏离自行车道，我都很紧张。还好，儿子骑得不错。

骑了整整一小时，我们回到了租车亭。我问店员："这条路有多长？"店员回答说："6.1 公里。小伙子，你真棒！"他拍了拍儿子的脑袋。儿子摆出一副满不在乎的样子，说："不算太长，就是人多。"从儿子的话中,我听出了他高兴的心情。

第二天,在回家的路上,我问儿子:"城里你最喜欢哪儿?"他不假思索地说:"公园里的自行车道。"然后他又加了一句:"谢谢你,妈妈。"我笑了,幸好当时没逼着他去博物馆。也许,儿子长大以后,这次城市之行会变成一段珍贵的记忆。

补充词语:

1.	迫不及待		pò bù jí dài
2.	显然	(形)	xiǎnrán
3.	天壤之别		tiānrǎng zhī bié
4.	遛	(动)	liù
5.	内疚	(形)	nèijiù
6.	毕竟	(副)	bìjìng
7.	摇摆	(动)	yáobǎi
8.	偏离	(动)	piānlí
9.	副	(量)	fù
10.	满不在乎		mǎn bú zàihu
11.	不假思索		bù jiǎ sīsuǒ
12.	逼	(动)	bī
13.	珍贵	(形)	zhēnguì

听后说:

1. 周末,妈妈带儿子去哪儿旅游?
2. 开始,妈妈为什么不同意儿子骑自行车?后来,妈妈为什么又同意了呢?
3. 骑自行车的时候,妈妈为什么很紧张?
4. 回到了租车亭,店员是怎样表扬儿子的?听到表扬后,儿子什么样?
5. 请你以文中儿子的身份,讲一讲这个快乐的周末。

(八) 看图说话:

《差一点儿》

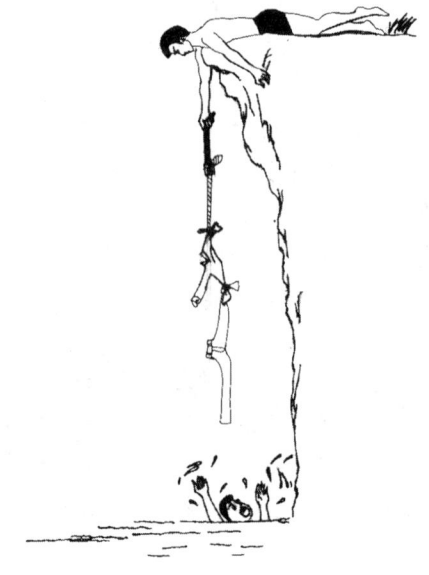

找个好工作

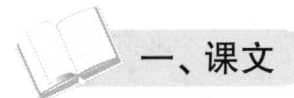

一、课文

（一）

王小明：听说你昨天去应聘了,结果怎么样啊?

于　青：唉!别提了,招聘会人山人海,公司招工人数又很有限,想找一份称心如意的工作,难啊!

古　丽：可不是嘛,现在时代变了,很多用人单位不仅看重学历,更看重能力。

王小明：没错儿,在面试时,人家不仅考查专业知识,还考查应变能力。

于　青：现在的社会对人才的要求是越来越高了。

古　丽：怪不得现在很多大学生都在业余时间忙着充电,每天都不辞辛苦地奔波于图书馆和各种补习班。

王小明：他们这样做,明摆着就是为了在毕业找工作的时候,多一些竞争实力,能够在竞争中脱颖而出。

于　青：学历加能力,再加上勤奋,这是现在的年轻人成功就业的必备条件。

古　丽：就是呀,其实好工作有很多,就是看你有没有能力,能不能胜任了。

于　青：唉!像我这样的人,大概是找不到什么好工作了。

王小明：别这么灰心丧气呀,我们现在还年轻,完全可以通过自己的努力,提高能力,找到一份好工作。

古　丽：听说最近有公务员考试,你可以去试试啊。

于　青：每年参加公务员考试的人特多,而录取的概率却很小。再说了,我还想趁年轻的时候,到外面闯一闯呢。

王小明：是呀!俗话说得好:"海阔凭鱼跃,天高任鸟飞。"

于　青：说得太对了,不管怎么说,机会总是留给有准备的人的。

古　丽：从现在开始,我们就要不断地给自己充电,从各方面提高自己的能力。

王小明：那就让我们努力吧,为美好的明天,加油!

（二）

李德成：古丽,你喜欢什么样的工作?

古　丽：我喜欢当老师，我妈妈就是小学老师，她一直都是我崇拜的偶像。为了能当上老师，我总是很严格地要求自己。你想做什么？

李德成：我想自己创业，特别想到外面的世界闯一闯。小红，你是不是也想当老师？

李小红：不，我想当医生，做一个神圣的白衣天使。

于　青：我和你们的想法不一样，我想当导游，去旅行社工作。每天带着游客游山玩水，增长知识，开阔眼界，锻炼身体，一举多得啊！

古　丽：那倒是。不过，当导游也很辛苦的。

于　青：干什么工作不辛苦啊？

李小红：是呀，不管怎么说，我觉得只要自己喜欢，辛苦一点儿也没关系。

（三）

"啃老族"现象

"啃老族"是指已经成年，并且有谋生能力，但却仍然靠父母养活的年轻人。"啃老族"中绝大部分是独生子女，从小受到父母的百般呵护，从来没有受过任何委屈，适应社会的能力较差。受传统观念影响，父母对孩子的期望在社会发展过程中产生了偏差，大多数父母在抚养孩子的过程中，更关心孩子的生理健康，比如衣着是不是避寒保暖，膳食是不是营养可口，而忽略了孩子的心理健康方面，不注重培养孩子的独立性、自我奋斗意识、家庭责任观，也正是这种根深蒂固的传统观念，形成了孩子"在父母面前永远长不大"的依附心理，使得孩子精神上无法"断奶"，经济上难以独立。

此外，随着物质条件越来越好，人们消费能力越来越高，有条件的家庭都尽量满足孩子的所有需求，即使困难家庭，也会先满足孩子的要求，这就是所谓"寒门养贵子"。在就业方面，因为社会上工作岗位有限，再加之很多工作对学历、能力的要求较高，那些从小就依靠父母的孩子，虽然暂时离开了父母的保护，但每当遇到困难与挫折，还是希望由父母的羽翼来挡风避雨。

有关专家还指出，受传统教育的影响，大学毕业生就业观念存在一定的偏差，就业能动性没有显著提高，他们执著于"公务员"、"公司白领"等热门职位，就业期望和社会需求差距较大。一方面，城镇中小企业和基层单位急需人才，另一方面，很大一部分毕业生却不愿去这样的地方工作。择业观念的偏差，在很大程度上削弱了大学生的群体竞争力，因此，城市"啃老族"现象也就越来越严重。

（根据人民网 2005 年 9 月 23 日《"啃老族"现象》改写）

二、生词及短语

1. 应聘	（动）	yìngpìn	
2. 招聘会		zhāopìnhuì	
3. 有限	（形）	yǒuxiàn	
4. 称心如意		chèn xīn rú yì	
5. 充电		chōng diàn	
6. 不辞	（动）	bùcí	
7. 奔波	（动）	bēnbō	
8. 竞争	（动）	jìngzhēng	
9. 脱颖而出		tuō yǐng ér chū	
10. 勤奋	（形）	qínfèn	
11. 必备	（动）	bìbèi	
12. 胜任	（动）	shèngrèn	
13. 灰心丧气		huī xīn sàng qì	
14. 录取	（动）	lùqǔ	
15. 概率	（名）	gàilǜ	
16. 闯	（动）	chuǎng	

17. 崇拜	（动）	chóngbài	
18. 偶像	（名）	ǒuxiàng	
19. 创业	（动）	chuàngyè	
20. 神圣	（形）	shénshèng	
21. 游山玩水		yóu shān wán shuǐ	
22. 一举两得		yì jǔ liǎng dé	
23. 养活	（动）	yǎnghuo	
24. 百般	（副）	bǎibān	
25. 呵护	（动）	hēhù	
26. 委屈	（形）	wěiqu	
27. 根深蒂固		gēn shēn dì gù	
28. 挫折	（动）	cuòzhé	
29. 羽翼	（名）	yǔyì	
30. 削弱	（动）	xuēruò	

三、练习

（一）用正确的语调读出下列句子，注意画线部分：

1. 别提了，想找一份称心如意的工作，难啊！
2. 你们说得太对了，不管怎么说，机会总是留给有准备的人的。
3. 是呀，不管怎么说，我觉得只要自己喜欢，辛苦一点儿也没关系。
4. 现在时代变了，很多用人单位不仅看重学历，更看重能力。
5. 在面试时，人家不仅考查专业知识，还考查应变能力。
6. 每天带着游客游山玩水，不但能增长知识，还能锻炼身体。
7. 他们这样做，明摆着就是为了在毕业找工作的时候，多一些竞争实力，能够在竞争中脱颖而出。

（二）选择适当词语完成句子：

游山玩水　一举两得　怪不得　称心如意　灰心丧气　脱颖而出

1. 能应聘进那么有名的大公司，现在，你可以_____了吧。
2. 原来你找到好工作了，_____那么高兴。
3. 在众多的竞争者中，他_____，终于以第一名的成绩获得胜利。

4. 虽然失败了,但是也不要_____。

5. 我非常喜欢旅游,因为旅游的时候不仅能_____,还能学到知识、锻炼身体,
   这是_____的好事。

(三) 用"不管怎么说……"完成句子:

1. 吃方便面也挺好,不管怎么说,_____。

2. 没有飞机,就坐火车吧,不管怎么说,_____。

3. 我看你就去当公务员吧,不管怎么说,_____。

4. 当不了大学老师,就当中学老师,不管怎么说,_____。

5. 别发火了,不管怎么说,_____。

(四) 成段表达:

为什么会出现"啃老族"? "啃老族"现象是社会问题还是个人问题?

参考词语:

称心如意	竞争	脱颖而出
胜任	灰心丧气	闯
创业	供养	百般呵护
挫折		

表达思路:列举产生问题的原因。

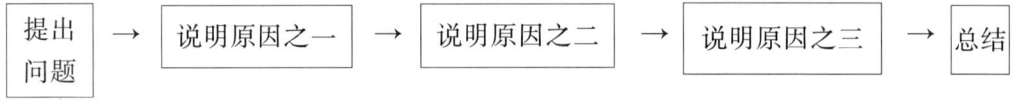

提出问题 → 说明原因之一 → 说明原因之二 → 说明原因之三 → 总结

例如:

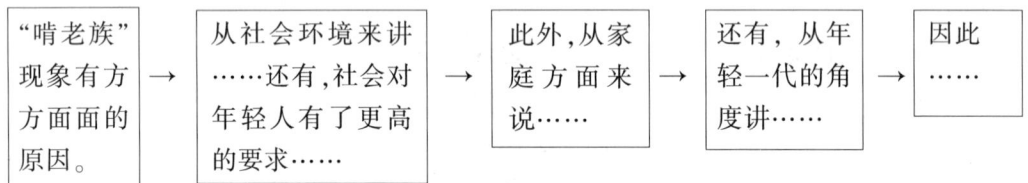

"啃老族"现象有方方面面的原因。 → 从社会环境来讲……还有,社会对年轻人有了更高的要求…… → 此外,从家庭方面来说…… → 还有,从年轻一代的角度讲…… → 因此……

(五) 分组讨论:

1. 你想做什么工作? 你将怀着怎样的理想去从事自己的工作?

2. 和同学讨论一下,为了找到一份好工作,现在应该怎样努力?

3. 怎样看待年轻人就业问题?

(六) 主题发言:

以"我喜欢这样的工作"为题准备发言,提出自己的观点,并说明理由。

(七) 实践活动:

两个人一组,模拟找工作面试。一个人是主考官,另一个人来应聘。

（八）听力理解：

怎样找工作

找工作也有方法和技巧。很多人找不到工作，并不是因为他们没有能力，而是因为他们在找工作的过程中，没有运用正确的方法和技巧。所谓正确的方法和技巧，主要包括以下三方面内容：

1. 了解自己。包括了解自己的知识、技能、性格、爱好以及身体状况等。找工作之前，你必须先对自己有全面的认识，一定得知道自己适合做哪方面的工作，不适合做哪方面的工作。找工作不能眼高手低，明明自己不胜任的工作却偏要做，结果必然会遇到挫折。

2. 了解你所选择的职业和行业。了解所选岗位的工作内容、工作性质和对从业者素质的要求。你可以向亲朋好友中做过相关工作的人了解有关情况，也可以向从事这方面工作的其他人请教。他们经验丰富，体会深刻，能给你提供具有指导意义的建议。他们工作过程中的失败教训，能使你少走弯路，而他们的成功经验又是你可以借鉴的。

3. 自我推荐。在了解自己和了解工作的基础上，就要开始求职了。求职就是寻找和得到工作的过程，通常包括获取用人单位的信息、面试、谈话、签约等环节。找工作就像推销产品一样，要让顾客买你的产品，你必须告诉对方，你的产品有何特点，价格怎样。同样，找工作时也要围绕着"我是做好这份工作最合适的人选"这样一个中心来展开。学会推销自己，才会得到单位的认可和录用。

补充词语：

1. 技巧　　　（名）　　jìqiǎo
2. 眼高手低　　　　　yǎn gāo shǒu dī
3. 明明　　　（副）　　míngmíng
4. 偏　　　　（副）　　piān
5. 素质　　　（名）　　sùzhì
6. 借鉴　　　（动）　　jièjiàn
7. 推荐　　　（动）　　tuījiàn
8. 签约　　　　　　　qiān yuē
9. 环节　　　（名）　　huánjié
10. 推销　　　（动）　　tuīxiāo
11. 围绕　　　（动）　　wéirào
12. 人选　　　（名）　　rénxuǎn

听后说：

1. 为什么很多人找不到工作？谈谈你的看法。
2. 找工作之前，要了解什么？
3. 怎样了解你所选择的职业和行业？
4. 为什么说找工作就像推销产品？

（九）**看图说话：**

《找工作》

第三课　健康最重要

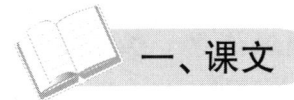 一、课文

（一）

张　华：你怎么这么无精打采的？

古　丽：最近身体一直不太好，老觉得很累，提不起精神来。

王淑梅：去医院看看吧，好好检查检查。

古　丽：看了，医生说没什么病，可能是亚健康。

张　华：那你可要注意了，亚健康就是疾病的前兆。

王淑梅：你别说得那么可怕，其实只要适当调理，加强体育锻炼，身体是完全可以恢复的。

古　丽：是啊，这不，我也正想着要好好锻炼身体了。

张　华：只是想可不行，要真的行动起来，一定要安排时间锻炼，哪怕散散步也好。

古　丽：我是想，把手头的这项工作做完了再开始锻炼。

王淑梅：这项工作做完了，还有下一项呢，工作是没完没了的。我看哪，你还是不要拖，马上就开始锻炼吧。

张　华：就是呀，不能一拖再拖了。

古　丽：这话有道理是有道理，不过，我现在真是太忙了。

王淑梅：忙是忙，可还是能够挤出时间来的，不是吗？

古　丽：倒也是，时间是挤出来的，那我明天就开始锻炼。

张　华：这就对了。

王淑梅：要不，我和你一起去锻炼吧。

古　丽：那可太好了。

张　华：再加我一个。

王淑梅：好，就这么说定了。

（二）

林　强：英爱，是你呀，怎么？自行车坏了吗？为什么要走路呀？

英　爱：自行车没坏，我是不想骑车。

林　强：为什么呀？好好的自行车不骑，自己故意找累受呀。

英　爱：我每天坐办公室的时间太长，缺少运动，走走路也可以锻炼锻炼身体呀。

林　强：倒也是，干脆我也和你一起走路吧。

英　爱：好啊。

林　强：你是怎么想起来走路的？

英　爱：是这样，今年以来，我工作一直很忙，根本没有时间锻炼身体，所以我就想利用下班的时间锻炼。

林　强：这可真是个好主意。

英　爱：那当然。我不但走路下班，还走路上班，这样，锻炼的机会就更多了。

林　强：走路上班会不会迟到呀？

英　爱：不会，我比以前早起床30分钟。

林　强：我这么爱睡懒觉的人，早起床一分钟我都受不了。

英　爱：早晨空气好，运动运动对身体有好处。

林　强：早晨锻炼好是好，不过，我觉得太辛苦了。

英　爱：不辛苦，习惯了就好了。不是吗？

林　强：倒也是，那我明天也早点儿起床锻炼身体吧。

英　爱：这就对了。要知道健康最重要。人们常说：身体是个"1"，这个"1"立住了，后面可以加好多个"0"，才有价值；如果"1"都立不住了，后面加再多的"0"也没有意义了。

林　强：那当然，何况没有一个好身体又怎么能干好工作呢？

英　爱：就是啊，所以健康第一！

（三）

什么控制着人的寿命

　　最新研究显示，新陈代谢加快有助于延长寿命。英国阿伯丁大学的研究人员对42只老鼠做了新陈代谢测试。结果发现，新陈代谢快的一组老鼠的寿命更长。

　　这一发现对传统的理论是一个挑战。过去，人们认为新陈代谢快的动物会更早死去。但是研究人员认为，传统结论来自于不同物种之间的比较，而对同一物种的生物而言，新陈代谢快的比较长寿。现在，研究人员计划把这一理论应用到人身上，想用提高人体新陈代谢速度的办法来达到延长人的寿命的目的。

　　很多研究表明，吃得少可能会使人的寿命更长。加利福尼亚大学曾做过试验，让老鼠只吃半饱，它们的寿命就比吃得多的同类长一倍。正在进行的试验显示，严格的低热量饮食也有助于延长动物的寿命。照这样推算下来，人要是每顿只吃半饱的话，可以活到 140 岁。

　　有研究发现，乞丐的健康状况比富人好。原因是他们从来不吃得过饱，粗粮吃得多。这些都有利于健康。

　　虽然基因对决定寿命相当重要，但并非是决定寿命长短的唯一因素。许多科学家认为，环境和生活习惯在人体健康方面所起的作用可能达到 66%。所以想长寿的人应该注意以下几点：坚持体育锻炼，节制饮食，控制体重；严禁烟酒；适当服用维生素，尤其是维生素 C 和维生素 E；多吃新鲜蔬菜和水果。

（作者：杨简）

二、生词及短语

1. 无精打采		wú jīng dǎ cǎi
2. 亚健康	（名）	yàjiànkāng
3. 疾病	（名）	jíbìng
4. 前兆	（名）	qiánzhào
5. 调理	（动）	tiáolǐ
6. 锻炼	（动）	duànliàn
7. 恢复	（动）	huīfù
8. 没完没了		méi wán méi liǎo
9. 一拖再拖		yì tuō zài tuō
10. 挤	（动）	jǐ
11. 故意	（副）	gùyì
12. 缺少	（动）	quēshǎo
13. 干脆	（副）	gāncuì
14. 根本	（副）	gēnběn
15. 利用	（动）	lìyòng
16. 睡懒觉		shuì lǎnjiào

17. 受不了		shòubuliǎo
18. 健康	（形）	jiànkāng
19. 控制	（动）	kòngzhì
20. 寿命	（名）	shòumìng
21. 新陈代谢		xīn chén dàixiè
22. 挑战		tiǎo zhàn
23. 低热量	（名）	dīrèliàng
24. 推算	（动）	tuīsuàn
25. 乞丐	（名）	qǐgài
26. 粗粮	（名）	cūliáng
27. 基因	（名）	jīyīn
28. 严禁	（动）	yánjìn

专 名

1. 阿伯丁大学	Ābódīng Dàxué
2. 加利福尼亚大学	Jiālìfúníyà Dàxué

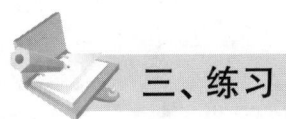

三、练习

（一）用正确的语调读出下列句子，注意画线部分：

　　1. 一定要安排时间锻炼，哪怕散散步也好。

2. 这话有道理<u>是</u>有道理,<u>不过</u>,我现在真是太忙了。

3. 忙是忙,可还是能够挤出时间来的,<u>不是吗</u>?

4. <u>干脆</u>我也和你一起走路吧。

5. 早晨锻炼好是好,<u>不过</u>,我觉得太辛苦了。

6. 倒也是,那我明天也早点儿起床锻炼身体吧。

7. 我每天坐办公室的时间太长,缺少运动,<u>走走路也可以锻炼锻炼身体呀</u>。

8. 不辛苦,习惯了就好了。<u>不是吗</u>?

(二) 解释下列句子中的画线部分:

1. 你怎么这么<u>无精打采</u>的?

2. 亚健康就是疾病的<u>前兆</u>。

3. 把<u>手头</u>的这项工作做完了再开始锻炼。

4. 这项工作做完了,还有下一项呢,工作是<u>没完没了</u>的。

5. 不能<u>一拖再拖</u>了。

6. 今年以来,我工作一直很忙,<u>根本</u>没有时间锻炼身体,所以我就想利用下班的时间锻炼。

7. 这可真是个<u>好主意</u>。

8. 我这么爱睡懒觉的人,早起床一分钟我都<u>受不了</u>。

9. 那当然,<u>何况</u>没有一个好身体又怎么能干好工作呢?

(三) 用"一定要……,哪怕……也好"完成对话:

1. A:你一定要去旅游吗?

   B:_____。

2. A:你一定要看电影吗?

   B:_____。

3. A:你一定要去爬楼梯吗?

   B:_____。

4. A:他一定要当作家吗?

   B:_____。

5. A:你一定要上这所大学吗?

   B:_____。

6. A:他一定要去那家公司应聘吗?

   B:_____。

(四) 成段表达:

你认为平时应该怎样锻炼身体?

参考词语:	锻炼	挤	故意	缺少
	干脆	根本	利用	辛苦
	健康			

表达思路：总结之后提出新的办法。

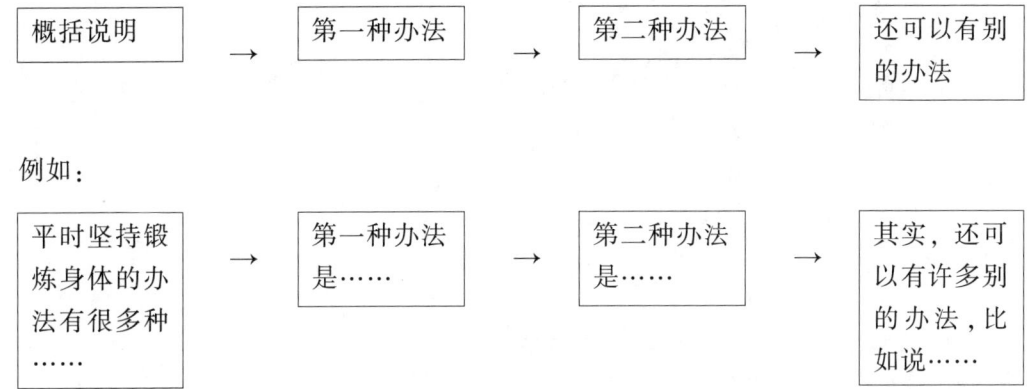

（五）**分组讨论：**

1. 你认为健康、工作、金钱，哪个最重要？为什么？

2. 如果你很忙，没有时间锻炼身体，你会怎么办？

3. 为了保持健康，你需要怎样安排自己的饮食起居？

4. 你怎样看待亚健康？

（六）**实践活动：**

根据课文（一），模拟情景并表演。

（七）**听力理解：**

饮食和人的身体健康

民以食为天，饮食是人类维持生命的基本条件。饮食除了要讲究营养和合理搭配之外，还要注意饮食有节。两千多年以前，就有古人曾经指出："饮食必须有节。"节就是节制、适度。过饥过饱都会对身体造成伤害。一日三餐在时间上、数量上都要做到定时定量。因为早中晚已经成为人们进食的习惯时间，该吃饭的时候不按时吃饭，或者饥饿时暴饮暴食，都会引起消化系统的紊乱，损伤人的胃和脾。

17 世纪中叶，英国农民托马斯·佩尔活了 132 岁。他被国王请进皇宫，盛宴招待，由于饮食过度而死。当时著名医学家哈维对他作了解剖，发现他的机体和内脏竟然没有衰老的现象，要不是他吃得过量，还会继续活下去。

另外，医学家认为，适时的饥饿也是一种治疗疾病的方法。俗语说："早饭好、午饭饱、晚饭少。""晚饭减一口，活到九十九。"这些都是有科学依据的。因此，从古到今，几乎所有的医学家都提到了饮食养生的重要性，大家都主张"食不过饱"，特别要注意饮食的清淡和营养的均衡。

现代社会，随着生活水平的提高，人们的饮食习惯也在逐渐改变。开始从温饱型向精致型转变。这就更要注意饮食健康。另外，现在快节奏的生活方式使人们进餐的时间也变得很紧凑。但是，定时、适度是完全可以由自己掌握的。

补充词语：

1. 维持　　　（动）　wéichí
2. 营养　　　（名）　yíngyǎng
3. 搭配　　　（动）　dāpèi
4. 节制　　　（动）　jiézhì
5. 适度　　　（形）　shìdù
6. 伤害　　　（动）　shānghài
7. 暴饮暴食　　　　　bàoyǐn bàoshí
8. 紊乱　　　（形）　wěnluàn
9. 损伤　　　（动）　sǔnshāng
10. 胃　　　（名）　wèi
11. 脾　　　（名）　pí
12. 皇宫　　　（名）　huánggōng
13. 解剖　　　（动）　jiěpōu
14. 衰老　　　（形）　shuāilǎo
15. 均衡　　　（形）　jūnhéng

专名：

1. 托马斯·佩尔　　　Tuōmǎsī·Pèi'ěr
2. 哈维　　　　　　　Hāwéi

听后说：

1. "民以食为天"是什么意思？
2. 饮食应该讲究什么？
3. 为什么说适时的饥饿也是一种治疗疾病的方法？
4. 现代社会，人们的饮食习惯有了哪些变化？
5. 说说饮食与健康的关系。

（八）看图说话：

《视力免检》

第四课　幸福是什么

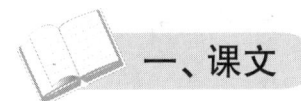 一、课文

（一）

春　生：你看，她又买了那么多漂亮的衣服。

柳洪燕：真羡慕她，想买什么就买什么，她可真幸福啊。

林　强：是啊，有钱真好！吃得好，穿得好，住得也好。有钱就是幸福啊。

春　生：有钱就一定幸福吗？我看不一定吧！很多有钱人照样会痛苦，有烦恼。他们怕公司倒闭，怕股票下跌，他们担心的事儿太多了，所以根本谈不上幸福。

柳洪燕：没错儿，你算是说对了，有钱的人不一定幸福。

林　强：是啊，幸福与不幸福只有自己知道，而且，每个人对幸福的理解也不同。

春　生：就是！在我看来，我现在能吃得饱，穿得暖，可以坐在明亮的教室里读书，就已经很幸福了。

柳洪燕：我觉得拥有亲情和友情才是幸福，特别是当我遇到困难的时候，父母亲切的笑脸，朋友关心的话语，都会使我感受到幸福。

林　强：看来，没有钱照样可以得到幸福。

春　生：那是呀。

柳洪燕：那你们说有地位的人是不是很幸福啊？

林　强：并不见得。当官儿也有当官儿的烦恼，只是我们普通老百姓根本不知道而已。

春　生：你说的有道理。

柳洪燕：平时我很羡慕那些名人，出了名的人应该算是幸福了吧？

林　强：你说的不对，人一出名就麻烦了，因为大家都认识他，只要他一出门，就会有很多人围着他，那他就不自由了。

春　生：说的也是。

柳洪燕：要我说呀，各人有各人的幸福观，幸福不幸福三言两语根本说不清楚，只要自己觉得幸福就可以了。

林　强：既然这样，我们每个人就按照自己对幸福的理解幸福地生活吧！

（二）

张　华：人生在世，人人都追求幸福。

王小明：可是，幸福是什么？你说得清楚吗？

张　华：中国有句古话，叫做多子多福。这是中国人的传统观念，认为孩子多了才会有福气。

王小明：我认为孩子太多并不幸福，因为每个孩子都是父母辛辛苦苦养大的。孩子太多的话，父母太操心了。

张　华：不过，如果一个人的婚姻很美满，可是没有孩子，你觉得这算幸福吗？

王小明：我觉得还是应该有一个可爱的孩子才算幸福。

张　华：我和你的想法不一样，我赞成丁克家庭，丁克家庭多好啊，自己想干什么就干什么，自由自在的最幸福。

王小明：我看丁克家庭不能算是幸福，年轻的时候自由自在，到老了怎么办？

张　华：我觉得只要现在幸福就可以了，干吗管以后的事？

王小明：人无远虑，必有近忧。幸福也并非图一时痛快啊！至于幸福是什么，各人理解不同，幸福只是人的一种感受，你认为幸福就幸福了。

（三）

人生的圆圈

大约十年前，我在一家电话推销公司作为业务员接受培训。主管有一次在培训课上用一幅图诠释了一个人生寓意。他首先在黑板上画了一个圈，在这个圆圈中间站着一个人。接着，他在圆圈的里面加上了一座房子、一辆汽车和一些人。

主管说："这是你的舒服区。这个圆圈里面的东西对你至关重要：你的住房、你的家庭、你的朋友，还有你的工作。在这个圆圈里，人会觉得自在、安全，远离危险。"

"现在，谁能告诉我，当你跨出这个圈子后，会发生什么？"教室里顿时鸦雀无声。过了一会儿，一位积极的学员打破沉默："会害怕。"另一位认为："会出错。"这时主管微笑着问："当你犯错误了，其结果是什么呢？"最初回答问题的那名学员大声答道："我会从中学到东西。"

"是的，你会从错误中学到东西。当你离开舒服区以后，你会学到以前不知道的东西，你增长了见识，所以你进步了。"主管再次转向黑板，在原来那个圈之外画了个更大的圆圈，还加上些新的东西，如更多的人、一座更大的房子，等等。

"如果你老是在自己的舒服区里打转,你就永远无法扩大视野,永远无法学到新的东西。只有当你跨出舒服区以后,你才能使自己人生的圆圈变大,你才能把自己塑造成一个更优秀的人。"

(作者:布伦达·乌尔巴奈克[美])

二、生词及短语

1. 羡慕	(动)	xiànmù	
2. 照样	(副)	zhàoyàng	
3. 痛苦	(形)	tòngkǔ	
4. 烦恼	(形)	fánnǎo	
5. 倒闭	(动)	dǎobì	
6. 股票	(名)	gǔpiào	
7. 下跌	(动)	xiàdiē	
8. 算是	(副)	suànshì	
9. 理解	(动)	lǐjiě	
10. 明亮	(形)	míngliàng	
11. 围	(动)	wéi	
12. 按照	(介)	ànzhào	
13. 追求	(动)	zhuīqiú	
14. 传统	(形)	chuántǒng	
15. 观念	(名)	guānniàn	
16. 婚姻	(名)	hūnyīn	
17. 美满	(形)	měimǎn	
18. 赞成	(动)	zànchéng	
19. 丁克家庭		dīngkè jiātíng	
20. 自由自在		zìyóu zìzài	
21. 到	(动)	dào	
22. 圆圈	(名)	yuánquān	
23. 诠释	(动)	quánshì	
24. 顿时	(副)	dùnshí	
25. 鸦雀无声		yā què wú shēng	
26. 沉默	(动)	chénmò	
27. 微笑	(动)	wēixiào	
28. 见识	(名)	jiànshi	
29. 视野	(名)	shìyě	
30. 塑造	(动)	sùzào	

三、练习

(一) 用正确的语调读出下列句子,注意画线部分:

1. 很多有钱人照样会痛苦,有烦恼。
2. 看来,没有钱照样可以得到幸福。
3. 真羡慕她,想买什么就买什么,她可真幸福啊。
4. 我和你的想法不一样,我赞成丁克家庭,丁克家庭多好啊,自己想干什么就干什么,自由自在的最幸福。
5. 没错儿,你算是说对了,有钱的人不一定幸福。
6. 平时我很羡慕那些名人,出了名的人应该算是幸福了吧?

7. 我看丁克家庭不能算是幸福,年轻的时候自由自在,到老了怎么办?

8. <u>要我说呀</u>,幸福不幸福三言两语根本说不清楚,只要自己觉得幸福就可以了。

9. 我觉得只要现在幸福就可以了,<u>干吗管以后的事</u>?

(二) 选择适当词语完成句子:

羡慕　按照　美满　观念　下跌　理解

1. 他找到了一份好工作,大家都很＿＿＿＿＿＿＿＿＿他。

2. 人们都渴望婚姻生活幸福＿＿＿＿＿＿＿＿＿。

3. 最近他很烦,因为他买的股票＿＿＿＿＿＿＿＿了。

4. ＿＿＿＿＿＿＿＿＿学校的要求,我们每天八点上课。

5. 我希望妈妈能＿＿＿＿＿＿＿＿＿我。

6. 你的那种传统＿＿＿＿＿＿＿＿＿已经过时了。

(三) 用"只要……就……"完成句子:

1. 只要＿＿＿＿＿＿＿＿＿＿＿＿＿,我就去买。

2. 只要＿＿＿＿＿＿＿＿＿＿＿＿,我们就很开心。

3. 只要＿＿＿＿＿＿＿＿＿＿＿＿＿,大家就去旅行。

4. 只要姐姐一来,他就＿＿＿＿＿＿＿＿＿＿＿＿＿。

5. 只要老师在,同学们就＿＿＿＿＿＿＿＿＿＿＿＿＿。

6. 只要觉得高兴就＿＿＿＿＿＿＿＿＿＿＿。

(四) 成段表达:

为什么人们对幸福的理解是不同的?

参考词语:

照样	烦恼	算是	理解
友情	地位	按照	追求
观念	赞成	自由自在	

表达思路: 从主次两个方面进行说明。

提出问题	→	说明主要方面	→	说明次要方面	→	总结

例如:

人们对幸福的理解是不同的。	→	这主要是因为……	→	此外,还有一个原因……	→	这就说明……

（五）分组讨论：

　　1. 你认为你经历过哪些幸福的事？为什么？

　　2. 一个人有了钱、有了地位是不是就很幸福了？说说你的想法。

　　3. 多子多福的传统观念在现代社会是否已过时？谈谈你的看法。

（六）实践活动：

　　以"我的幸福梦想"为题，采访小组的同学，请他们谈谈自己的幸福梦想。

（七）听力理解：

这就是幸福

　　我曾经一直以为自己生活得不幸福，这种感觉主要来自于物质的匮乏。

　　我的父亲是小职员，母亲是小学老师，从我记事那时起，就常常感到生活的清贫和无奈。我曾经梦想着，我可以像邻居家的孩子一样，经常穿新衣服，天天买好吃的东西。

　　初中毕业的时候，我的父母坚持让我报考师范学校。最重要的一个原因就是师范学校有生活补贴，可以减轻家中的经济负担。

　　读师范的时候，我除了必须买的衣服，几乎没有别的支出。寒暑假的时候，我还要找机会参加社会实践，也就是去打工赚钱。我去快餐店里端过盘子，也给别人当过家教。虽然挣的钱不多，但是手头宽裕一些的感觉真好，我甚至可以在开学前骄傲地对父母宣布，这个学期我不要家中的一分钱。那个时候，我真的感到很幸福。

　　从师范学校毕业后，我分到了一所市重点小学。后来我嫁给了一个小学老师，生活虽然很平淡，不过我从来没有后悔，因为我越来越发现其实我很幸福。

　　我丈夫是个善良、朴实、对家庭极为负责的人。他不抽烟、不赌博，高兴时才喝上两杯。这几年，因为工作的关系，我经常外出，丈夫又当爹来又当娘，对女儿照顾得无微不至。所以每逢周末，只要我在家，通常是一早起来就直奔菜市场。买丈夫爱吃的排骨、女儿爱吃的青菜。然后我会听着音乐擦桌子、擦地、洗衣服、做饭，看着丈夫和女儿大口大口地吃我做的饭菜，我的心里有一种说不出的美。我知道，这就是幸福。

　　还有，学生们尊敬地叫我老师，说我知识丰富，有爱心；他们在毕业后还对我念念不忘，给我寄贺卡，打电话，回来看我……这些都让我很感动。我知道，这就是幸福。

（作者：安澜）

补充词语：

1. 曾经　　　（副）　　　céngjīng

2. 物质　　　（名）　　　wùzhì

3. 匮乏　　　（形）　　　kuìfá

4. 清贫　　　（形）　　　qīngpín

5. 无奈　　　（动）　　　wúnài

6. 补贴　　　（名）　　　bǔtiē

7. 支出　　　（名）　　　zhīchū

8. 宽裕　　　（形）　　　kuānyù

9. 宣布　　　　　（动）　　　xuānbù

10. 平淡　　　　　（形）　　　píngdàn

11. 后悔　　　　　（动）　　　hòuhuǐ

12. 赌博　　　　　（动）　　　dǔbó

13. 无微不至　　　　　　　　wú wēi bú zhì

14. 念念不忘　　　　　　　　niànniàn bú wàng

15. 贺卡　　　　　（名）　　　hèkǎ

听后说：

1. "我"为什么曾经以为自己生活得不幸福？

2. "我"的妈妈是做什么工作的？

3. 初中毕业的时候，父母为什么坚持让"我"报考师范学校？

4. 读师范的时候，寒暑假"我"都去干什么？

5. 从师范学校毕业以后，"我"在哪儿工作？

6. "我"的丈夫是怎样的一个人？

7. "我"的学生们对"我"怎么样？

8. 怎么理解"我"的幸福观？

（八）看图说话：

《幸福》

话说旅游

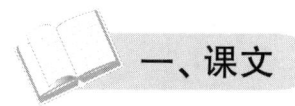
一、课文

（一）

林　强：张华，你喜欢旅游吗？

张　华：那还用说，我最喜欢的事儿就是到祖国各地去旅游了。

古　丽：说真的，大概没有人不喜欢旅游吧。

柳洪燕：喜欢归喜欢，可是你得有一定的经济基础才行啊。

林　强：谁说不是呢，旅游可是要花很多钱的。

张　华：如果有很多钱，就可以在旅游的时候吃个够，玩儿个够。

古　丽：是啊，如果有钱，你还可以买个够呢。

柳洪燕：现在我们的生活条件好了，每年出去旅游旅游还是可以的。

林　强：张华，你说说，你都喜欢去哪些地方旅游？

张　华：我是学历史的，所以特别喜欢名胜古迹，我很喜欢北京、西安、洛阳、开
　　　　封等古都。

古　丽：去这些地方旅游真的不错，那里是了解中国历史和文化的好去处。

张　华：是啊，出去旅游要是不看看名胜古迹就没意思了。

林　强：可是有的人旅游是为了吃个够，玩儿个够。

古　丽：没错儿，我旅游就是为了吃个够，玩儿个够。我最喜欢四川，四川的小吃
　　　　可好吃了。

柳洪燕：对，旅游就是为了休息、为了放松，就应该吃个够、玩儿个够。

林　强：你们旅游的时候喜欢买东西吗？

张　华：当然喜欢了，每个地方都有独特的东西，正好可以在旅游时买回来。
　　　　一呢，可以作为纪念；二呢，也可以送给朋友，让大家一起分享旅游的
　　　　快乐。

古　丽：这就是说，旅游要吃个够，玩儿个够，看个够，买个够。

柳洪燕：没错儿，以后咱们不光要在国内旅游，还要到国外去旅游，那才叫有意
　　　　思呢。

（二）

王小明：说起旅游啊，我更喜欢山水旅游。说真的，我觉得游山玩水才是真正的休息、真正的放松。

赵　新：谁说不是呢。山水旅游可以领略到大自然的美好风光呢。

古　丽：不过，山水旅游可比都市旅游累多了。

王小明：那正好可以锻炼锻炼身体呀。

赵　新：没错儿，说起旅游，我更喜欢去爬山。咱们中国的那些名山，不但风景美，而且还有不少古迹。

古　丽：这么说，爬山既可以锻炼身体，还可以增长见识。

王小明：那是，像泰山、黄山、华山、武夷山、武当山，等等，都值得去看一看。

古　丽：我还是觉得爬山太累了，我更喜欢到海边去玩儿水。

王小明：到海边旅游也很好呀，海边有蓝蓝的天、蓝蓝的水，到了那儿，心情不好才怪呢。

赵　新：我觉得要是天气热的话，更适合去海边。

古　丽：对呀，在沙滩上晒晒太阳，打打排球，那才叫痛快呢。

（三）

人人需要旅游指南

　　来自美国的威廉独自站在北京街头，他刚从西安来到北京，天色渐暗，他还没找到住处。但是，他并不着急，他正仔细翻看着手中一本厚厚的书。一小时后，他按照书中的提示，来到一家经济实惠的青年旅馆。在那里，他遇到了很多同他一样在中国背包旅行的外国人，不少人手中也同样拿着这本厚厚的书。这本看似普通的 32 开的书就是闻名全球的旅游指南——《孤独的行星》(Lonely Planet) 系列的中国介绍。

　　旅游本来是件花钱的事，而《孤独的行星》的作者却从中发现了商机。它把旅游者的旅行经历编写成书，除了讲述世界各地的风土人情以外，还详细介绍了各地的吃住行等各方面的信息。结果，这本书被译成多种语言版本，给出版者带来了滚滚财源。如今，像《孤独的行星》这样的旅游指南用书在国外越来越多，除了内容详尽以外，它们共同的特点就是实用性强，从如何找到廉价小饭馆儿到该乘坐几路公共汽车……可谓"一书在手，走遍天下"。

　　与之相比，中国印发的旅游指南往往流于形式，除了传统景点以外，介绍的大多是高档餐厅、星级酒店，好像来中国观光的全是有钱的旅客。事实上，国外游客组团游和自助游的比例是3:7,而自助游游客主要依靠的就是旅游指南。显然,中国对旅游指南这个产品所蕴涵的商机认识不够。一位旅游界资深人士感慨地告诉记者,别人拿旅游指南挣钱,而我们却在做赔本买卖,国内的旅游手册印刷精美,成本很高,但多是赠送。记者曾问过好几位中国旅游界的人士,多数都不知道这本《孤独的行星》。看来,中国旅游业应当重视发展这块前景广阔的市场。

(作者:杨檬)

二、生词及短语

1. 归	(动)	guī
2. 基础	(名)	jīchǔ
3. 够	(动)	gòu
4. 条件	(名)	tiáojiàn
5. 名胜古迹		míngshèng gǔjì
6. 独特	(形)	dútè
7. 作为	(动)	zuòwéi
8. 纪念	(名)	jìniàn
9. 分享	(动)	fēnxiǎng
10. 不光	(连)	bùguāng
11. 领略	(动)	lǐnglüè
12. 值得		zhí dé
13. 沙滩	(名)	shātān
14. 晒	(动)	shài
15. 排球	(名)	páiqiú
16. 痛快	(形)	tòngkuai
17. 独自	(副)	dúzì
18. 厚	(形)	hòu
19. 实惠	(形)	shíhuì
20. 商机	(名)	shāngjī

21. 风土人情		fēngtǔ rénqíng
22. 财源	(名)	cáiyuán
23. 廉价	(名)	liánjià
24. 高档	(形)	gāodàng
25. 蕴涵	(动)	yùnhán
26. 赔本		péi běn
27. 前景	(名)	qiánjǐng
28. 广阔	(形)	guǎngkuò

专　名

1. 西安　　　Xī'ān
2. 洛阳　　　Luòyáng
3. 开封　　　Kāifēng
4. 四川　　　Sìchuān
5. 泰山　　　Tài Shān
6. 黄山　　　Huáng Shān
7. 华山　　　Huà Shān
8. 武夷山　　Wǔyí Shān
9. 威廉　　　Wēilián
10. 孤独的行星　Gūdú de Xíngxīng

三、练习

(一) 用正确的语调读出下列句子,注意画线部分:

1. <u>说起旅游啊</u>,我更喜欢山水旅游。<u>说真的</u>,我觉得游山玩水才是真正的休息、真正的放松。

2. 我觉得要是天气热的话,更适合去海边。

3. 如果有很多钱,就可以在旅游的时候吃个够,玩儿个够。

4. 是啊,如果有钱,你还可以买个够呢。

5. 没错儿,以后咱们不光要在国内旅游,还要到国外去旅游,那才叫有意思呢。

6. 到海边旅游也很好呀,海边有蓝蓝的天、蓝蓝的水,到了那儿,心情不好才怪呢。

7. 对呀,在沙滩上晒晒太阳,打打排球,那才叫痛快呢。

(二) 选择适当词语完成句子:

痛快 独特 领略 条件 适合

1. 我出去旅游就是为了_____大自然的风光。

2. 这次旅行我玩儿得很_____。

3. 你家里的生活_____怎么样?

4. 这件衣服很_____你,你就买下来吧。

5. 他的想法很_____。

(三) 用"不……才怪呢"完成句子:

1. 孩子们来看望老人,老人不_____才怪呢。

2. 他的技术那么好,这次比赛他不_____才怪呢。

3. 你到了购物天堂,不_____才怪呢。

4. 她天天这么大吃特吃,不_____才怪呢。

5. 我做了错事,妈妈不_____才怪呢。

6. 旅游的时候,不_____才怪呢。

(四) 成段表达:

讲述一次难忘的旅游经历。

参考词语:

名胜古迹	放松	独特	作为
纪念	分享	领略	大自然
风光	值得	痛快	

表达思路: 按顺序进行叙述。

开始	→	经过	→	结束	→	总结

例如:

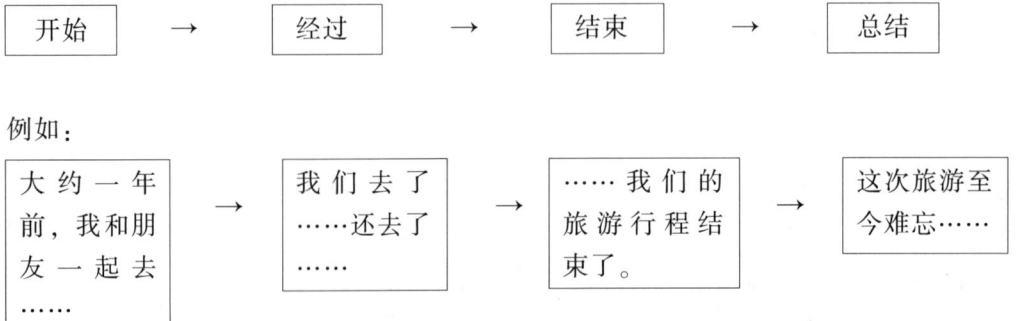

（五）词语搭配练习：

1. 热爱   祖国
2. 锻炼   休息
3. 增长   身体
4. 值得   参观
5. 分享   快乐
6. 适当   见识

（六）分组讨论：

1. 你喜欢都市旅游还是山水旅游？为什么？
2. 你喜欢去爬山还是去海边？为什么？
3. 你旅游的时候，想吃个够还是想买个够？想看个够还是想玩儿个够？
4. 你喜欢一个人去旅游还是和大家一起去旅游？为什么？

（七）实践活动：

请访问三至五位朋友或同学，让他们谈谈对旅游的看法和感受，作些归纳，并加以点评。

（八）听力理解：

旅 伴

我曾经是一个推销员，一年当中大部分时间都在外面奔波。我知道，没有人比推销员更加孤独了。

我在家的某一天，5岁的女儿珍妮往我手里塞了一件礼物，包装得歪歪扭扭。这件礼物在手里感觉很轻，我唯恐弄坏了它。珍妮在一旁看着，脸上表现出既兴奋又焦虑的神情。

我小心翼翼地打开包装一看，是一只玩具企鹅。在企鹅右边的翅膀上贴了一个小标签儿，上面写着："爸爸，我爱你！"字的下面画了一颗彩色的心。

我真的感觉很幸福，立刻把它放在书桌上最显眼的地方。

可是，没过几天，我又要出门远行了。我收拾行李时，把小企鹅塞进了手提箱里。那天晚上，我往家里打电话时，珍妮伤心地告诉我说小企鹅不见了。我向她解释道："小企鹅和我在一起呢。"

从此，只要我出门远行，珍妮总要帮我收拾行李，以确保小企鹅和我的袜子、剃须刀等生活必需品放在一起。许多年过去了，小企鹅陪我走了数十万英里的路程。

有一天晚上，我离开住的旅馆，车已经开了100英里，我突然发现小企鹅不见了。我连忙给旅馆打电话，接电话的服务员显得不以为然。不过，半小时后，他给我打来了电话，说那只小企鹅找到了。

这时天已经很晚了，但我还是决定掉转车头，行驶两个小时的路程找回我的小旅伴。到达旅馆时，已经是午夜时分。小企鹅在服务台上等待着我。它的身边围了许多和我一样长年在外奔波的推销员，他们一直等在这儿，要看我和我的小旅伴团聚的场面。我感到他们的眼神里甚至有几分忌妒。他们中有人走到我面前和我握手。一个人告诉我，如果我不来，他已经决定等天亮以后，开车给我送去。

珍妮现在已经上了大学,而我也不再需要长年在外奔波了。小企鹅大部分时间都待在我的书桌上。每当我看到它,我就会告诉自己,人生的路上只有爱才是最佳的旅伴,出门在外的人一刻也离不开它。

补充词语:

1. 孤独　　　　　(形)　　　gūdú
2. 塞　　　　　　(动)　　　sāi
3. 歪歪扭扭　　　(形)　　　wāiwāiniǔniǔ
4. 唯恐　　　　　(动)　　　wéikǒng
5. 小心翼翼　　　　　　　　xiǎoxīn yìyì
6. 翅膀　　　　　(名)　　　chìbǎng
7. 标签儿　　　　(名)　　　biāoqiānr
8. 显眼　　　　　(形)　　　xiǎnyǎn
9. 伤心　　　　　(形)　　　shāngxīn
10. 剃须刀　　　　(名)　　　tìxūdāo
11. 不以为然　　　　　　　　bù yǐ wéi rán
12. 团聚　　　　　(动)　　　tuánjù
13. 甚至　　　　　(连)　　　shènzhì
14. 忌妒　　　　　(动)　　　jìdu

专名:

珍妮　　　　　　　　　　Zhēnní

听后说:

1. 为什么"我"一年当中大部分时间都在外面奔波?
2. 5岁的女儿珍妮,往"我"手里塞了一件什么礼物?
3. 小企鹅的标签儿上,女儿写了什么?
4. 有一天"我"给家里打电话时,女儿为什么很伤心?
5. 那天晚上,"我"为什么要掉转车头,再次回到旅馆?
6. 现在,"我"的女儿多大了?
7. 现在,小企鹅大部分时间待在哪儿?
8. 什么才是人生路上的最佳旅伴?

(九)看图说话:

《物以稀为贵》

第六课 城市和农村

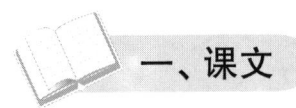

一、课文

（一）

杨世芹：马上就要放暑假了，你们有什么打算？

方明友：我打算一放假就去农村，上我奶奶家。

刘　芳：你好像很喜欢农村。

方明友：比起城市来，我更喜欢农村。

刘　芳：农村有什么好？大城市的生活才称得上方便呢。

方明友：大城市方便是方便，就是人太多，交通太拥挤。再说，大城市的空气也没有农村新鲜呀。

杨世芹：说得没错儿，比起拥挤的大城市来，我也更喜欢农村。

方明友：我还打算永远住在农村呢。

刘　芳：我和你们的想法可不一样，我喜欢丰富的城市生活。

杨世芹：现代农村的生活也不差呀。

刘　芳：农村有博物馆吗？有体育馆吗？有大剧场吗？

杨世芹：但是，农村有广阔的田野，有新鲜的蔬菜，有朴实的农民。

方明友：就是呀，农村还有美丽的天空呢。

刘　芳：不管怎么说，我这个人喜欢热闹，我不喜欢安静的农村。

杨世芹：比起热闹的大城市，农村确实比较安静。但是，现在农村也发生了很大的变化。城乡差别在缩小，乡村正在城镇化。

方明友：是啊，现在农村的生活也挺丰富的。

刘　芳：那我问你，你奶奶家可以上网吗？

方明友：可以呀，在我奶奶家生活可方便了，既可以上网，也可以看卫星电视，还可以看DVD呢。

杨世芹：真是挺不错的。

刘　芳：那我也跟你一起去你奶奶家过暑假，怎么样？

杨世芹：我也早就想去农村看看了，也带上我，好吗？

方明友：没问题，我让你们看看农村的新变化。

（二）

爸　爸：毕业以后你想干什么？

儿　子：我想去城里打工。

爸　爸：在家里种田不是挺好的吗？

儿　子：可我早就想离开家乡，去看看外面的世界。

爸　爸：在电视里就可以了解呀，何必非得自己去呢？

儿　子：我一直觉得，外面的世界才称得上精彩，才称得上丰富。

爸　爸：在城里打工挺辛苦的，还是在家里种田好。

儿　子：比起种田，我更想去城里打工。因为我觉得，人年轻的时候就应该出去闯一闯。

爸　爸：到了城里，你人生地不熟的，怎么办？

儿　子：那有什么？我自己一点儿一点儿地闯呗。

爸　爸：你的态度可真够坚决的。

儿　子：是啊，我一定要趁年轻的时候出去见识见识，就算失败了也不怕。

爸　爸：好吧，看来，我只能支持你了。

儿　子：谢谢爸爸。

（三）

我眼中的城市生活和农村生活

掐指算来，我到这座城市已经有六个年头了。六年的时光让我适应了安逸与惬意的城市生活，但是，在我心底深处仍然对农村生活恋恋不舍。

今天下午，我带着孩子去同学家，因为我们有同样的生活背景和文化背景，所以谈得很投机，也很融洽。我们谈起了城市的生活与农村的生活，我和她以前都在县里教书，在那里有朴实的同事，有亲切的父老乡亲，还有亲戚。那时的日子虽然清苦，但是，我们内心却是充实快乐的，整天笑呵呵的，感受着生活的美好。

如今来到了这座城市，虽然环境整洁干净，但是我总感觉生活单调乏味，感受不到在农村时的那份豪爽和温情。甚至在许多时候我感觉城市生活好枯燥。在城市生活的我，对于四季的变化，体会也不如以前那么明显了。

有时候我甚至想，自己在农村生活得好好的，怎么来到了城市呢？曾记得，我和儿子刚来城市的那一年，他忍受不了幼儿园严格的纪律管束，极力抗争着不去幼儿园。无奈之下，我只好又把他送回了农村。现在随着年龄的增长，儿子也逐渐适应了城市生活的氛围，这里的教育条件优越，这里的环境和农村相比要好得多。但是我发现，儿子每次从农村回城市的时候，都会依依不舍。

远离了农村的质朴，享受着城市的富裕和安逸。我到底喜欢哪种生活呢？城市生活已成为我生命的一部分，但是我同样需要农村生活带给心灵的滋润！

（作者：梦雨）

二、生词及短语

1. 拥挤	（形）	yōngjǐ	16. 安逸	（形）	ānyì
2. 永远	（副）	yǒngyuǎn	17. 惬意	（形）	qièyì
3. 丰富	（形）	fēngfù	18. 恋恋不舍		liànliàn bù shě
4. 剧场	（名）	jùchǎng	19. 投机	（形）	tóujī
5. 田野	（名）	tiányě	20. 融洽	（形）	róngqià
6. 朴实	（形）	pǔshí	21. 单调	（形）	dāndiào
7. 何必	（副）	hébì	22. 乏味	（形）	fáwèi
8. 非	（副）	fēi	23. 豪爽	（形）	háoshuǎng
9. 精彩	（形）	jīngcǎi	24. 枯燥	（形）	kūzào
10. 种田		zhòng tián	25. 忍受	（动）	rěnshòu
11. 人生地不熟		rén shēng dì bu shú	26. 管束	（动）	guǎnshù
12. 坚决	（形）	jiānjué	27. 氛围	（名）	fēnwéi
13. 趁	（介）	chèn	28. 优越	（形）	yōuyuè
14. 失败	（动）	shībài	29. 依依不舍		yīyī bù shě
15. 支持	（动）	zhīchí	30. 富裕	（形）	fùyù

三、练习

（一）用正确的语调读出下列句子，注意画线部分：

1. 比起大城市来，我更喜欢农村。
2. 比起热闹的大城市，农村确实比较安静。但是，现在农村也发生了很大的变化。
3. 大城市的生活才称得上方便呢。
4. 我一直觉得，外面的世界才称得上精彩，才称得上丰富。
5. 我早就想离开家乡，去看看外面的世界。

6. 在我奶奶家生活可方便了，<u>既可以上网</u>，<u>也可以看卫星电视</u>，<u>还可以看 DVD</u> 呢。

（二）解释下列句子中的画线部分：

1. 我刚来到这里，<u>人生地不熟</u>，请各位多多关照。

2. 他是一个<u>朴实</u>的农民。

3. 请大家不要<u>拥挤</u>，按顺序排好队。

4. 学校的生活很<u>丰富</u>，请妈妈不要担心。

5. 这里有美丽的天空、<u>广阔</u>的田野，你一定会喜欢这里的。

6. 我们<u>坚决</u>反对他这样的行为。

（三）用"既可以……也可以……还可以……"完成对话：

1. A：那个工作好吗？

   B：_____。

2. A：这本书怎么样？

   B：_____。

3. A：下雨天怎么样？

   B：_____。

4. A：那件衣服不是很好吗？

   B：_____。

5. A：你的朋友都有些什么本事？

   B：_____。

6. A：这家公司好不好？

   B：_____。

（四）成段表达：

说说城市生活和农村生活的差异。

参考词语：

拥挤	永远	丰富	广阔
田野	蔬菜	朴实	美丽
天空	安静	离开	家乡
何必	非	理想	

表达思路：用对照的方法进行说明、比较。

指出要说明的内容	→	对照一方面的情况	→	对照另一方面的情况	→	结论

例如：

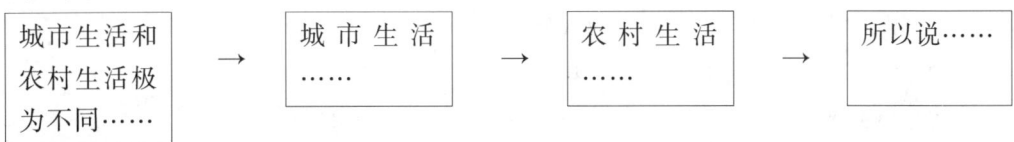

| 城市生活和农村生活极为不同…… | → | 城市生活…… | → | 农村生活…… | → | 所以说…… |

（五）分组讨论：

1. 你喜欢城市还是农村？如果让你选择，你会选择在哪儿生活？

2. 你认为农村生活有哪些优点？

3. 为了去大城市工作，你会怎样努力？

4. 怎样看待农村的年轻人去城里打工的现象？

（六）主题发言：

以"农村的蚊子来城市做客"为题，编一个故事。大家每人说一句，看看最后故事能编成什么样。然后，请你再把这个有趣的故事写下来。

（七）听力理解：

城市和农村

昨天晚上，我跟朋友们聊天儿，我告诉他们说："我的老家在农村，我毕业以后要回农村。"朋友们说："不要回去，还是留在城市里好。"我问："为什么？"他们说："那还用说吗？当然还是城市好呀。"

城市真的就比农村好吗？当然现在有好多农村条件是不太好。可是，大家都知道，农村现在的变化也很大，发展也很快。

就拿我的老家来说吧，虽然是农村，可是我们的日子过得有滋有味儿的。我家在江南的一个小村子里，空气新鲜，环境优美。那里有清澈的小河，有遍野的鲜花。虽然以前交通不太方便，但是，最近几年，这里也有了很大的变化。特别是现在村里有了很多私家车，公共交通也比以前发达了。

虽然我的家乡是农村，但是，我的家乡很可爱，我眷恋那里人们的淳朴、实在、热情。

我实在是想不明白，城市就那么好吗？在城市，一天到晚听的最多的就是汽车喇叭声，闻的最多的是汽油味。城市的孩子无法体会农村孩子的快乐。从城市到农村，路虽然越来越窄，但是，视野越来越开阔；反过来，从农村到城市，路是越来越宽，视线却被高楼挡得越来越严实。

我觉得，农村里最贫苦的一家，不一定是不幸的；城市里最富裕的一家，也不一定是幸福的。也许，农民走进城市是为了生活，城里人走进农村是为了更好地生活。

在中国，农村人去城市总说"上城里"；城市人去农村都说"下乡"。从这些简单的话语里，我们可以知道人们的想法。不过，我这个农村孩子就是喜欢"下乡"。

补充词语：

1. 清澈 （形） qīngchè
2. 眷恋 （动） juànliàn

3. 淳朴　　　（形）　　chúnpǔ
4. 闻　　　　（动）　　wén
5. 体会　　　（动）　　tǐhuì
6. 开阔　　　（形）　　kāikuò
7. 视线　　　（名）　　shìxiàn
8. 挡　　　　（动）　　dǎng
9. 严实　　　（形）　　yánshi
10. 贫苦　　　（形）　　pínkǔ

听后说：

1. "我"毕业以后为什么要回农村？
2. 说说"我"在老家有滋有味儿的日子。
3. 为什么说"农村里最贫苦的一家，不一定是不幸的；城市里最富裕的一家，也不一定是幸福的"？
4. "上城里"、"下乡"这些话语反映了中国人怎样的想法？
5. 根据本文内容，谈谈你的观点。

（八）看图说话：

《农家乐》

第七课　家庭和事业

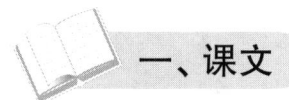 一、课文

（一）

秀　丽：总算快下班了，我可快要累死了。尤其是今天，特别累。

李　伟：是呀，你既要上班，又要做家务、带孩子，能不累吗？

王振涛：要我说，顾得了家庭就顾不了事业，顾得了事业就顾不了家庭。

秀　丽：你说的有道理，所以，我的理想就是做一个全职太太，在家照顾好丈夫
　　　　和孩子。

李　伟：我可不同意你的观点，我认为让妇女回家是社会的倒退。

王振涛：话不能这么说，也许为了丈夫的事业，妻子这样做是对的。

秀　丽：是呀，自古以来就是男主外，女主内嘛。

李　伟：正因为自古以来是这种情况，所以，妇女走向社会参加工作，才是社会
　　　　的真正进步。

王振涛：我觉得，家庭也好，事业也好，都很重要。不过，要把两者都做好，恐怕也
　　　　不容易吧。

秀　丽：对呀。所以我认为，妻子就应该为了丈夫的事业做出一点儿牺牲，这样
　　　　做有什么不可以呢？

李　伟：难道妻子就没有自己的事业？为了丈夫的事业，妻子就得做出牺牲，这
　　　　样平等吗？

王振涛：有什么不平等的？为了妻子的事业，丈夫也可以回家做家务、带孩子呀。

秀　丽：话是这么说，可是，有几个丈夫肯回家做家务、带孩子呀？尤其是现在，
　　　　社会竞争这么激烈。

李　伟：我认为妇女必须走向社会参加工作，只有这样，妇女才能真正解放，也
　　　　才能得到平等的权利。

王振涛：可是，妇女又要工作，又要负担家务，怎么顾得了那么多呀？

秀　丽：要是丈夫能和妻子一起照顾孩子，一起做家务，那就好了。

李　伟：就是嘛，丈夫也好，妻子也好，都应该关心这个家。那样的话，妻子的负

担就减轻了不少。

王振涛：也对，那样的话，就没有什么顾得了顾不了的了。

秀　丽：看来，我也不想做什么全职太太了，还是动员我丈夫和我一起照顾孩子，一起做家务吧。

李　伟：就是嘛。

（二）

王凤林：家庭和事业对每个人来说，都是很重要的，可是很多人都不能兼顾。

淑　梅：的确是这样，不过，要是丈夫和妻子一起分担家务，就会好很多。

王凤林：可是，要是有时候丈夫和妻子的工作都很忙，那该怎么办？

淑　梅：我觉得，一些家务活儿可以社会化，比如：找一个小时工或者保姆就可以。

王凤林：这也是一个不错的主意，既解决了自己的困难，也解决了一部分人的就业问题。

淑　梅：是呀，这样妻子也好，丈夫也好，就都可以全身心地投入工作了。

王凤林：不过，让保姆到家里来干活儿，能行吗？

淑　梅：有什么不放心的？现在的保姆都经过专业培训，有很多家政知识呢。

王凤林：那可真是太好了，过几天我们家也请一个吧。

淑　梅：就是，不然你太太就太辛苦了。

（三）

家庭和事业哪个更重要

正方：家庭比事业更重要

反方：事业比家庭更重要

正方立论陈词：

　　家庭与事业哪个更为重要？首先从个人层面上看，家庭更重要。为什么呢？原因有三：第一，家庭是人的第一个课堂，它可以开启心智、塑造性格；第二，家庭是人的情感归宿，人有悲欢离合，受伤时家是遮挡风雨的伞，开心时家是洋溢幸福的河；第三，家庭是实现人生价值的重要途径之一，一个人哪怕没有轰轰烈烈的事业，只要能为家、为爱做出奉献，社会同样会给以他肯定与尊重。

　　我们再从社会层面看，家庭作为社会生活的基本单位，仍然具有事业所不能超越的重要性。每个家庭的和睦稳定，为社会的繁荣稳定奠定了基础；另外，社会发展的最终目的不就是为了千千万万个家庭的美满幸福吗？所以说，家庭比事业更重要。

反方立论陈词：

我方认为,事业更能够实现一个人的价值和理想,事业更能推动社会的进步和发展。

首先让我们来看一下个人层面,人都是有理性的动物,无论是组建家庭,还是追求事业,都有一定的动因。组建家庭的动因,是因为人们出于亲情的需要,而追求事业则是源自每个人对于实现理想和人生价值的渴望。由此可见,事业在人的一生中,起到了至关重要的作用,它决定了人生价值的主要方面。其次,再让我们从社会层面进行分析,家庭和事业对社会都能起到巨大的作用,但是,事业更能够推动整个社会的发展。

二、生词及短语

1. 总算	(副)	zǒngsuàn		15. 动员	(动)	dòngyuán
2. 顾	(动)	gù		16. 保姆	(名)	bǎomǔ
3. 全职	(形)	quánzhí		17. 解决	(动)	jiějué
4. 倒退	(动)	dàotuì		18. 投入	(动)	tóurù
5. 男主外,女主内		nán zhǔ wài, nǚ zhǔ nèi		19. 不然	(连)	bùrán
				20. 层面	(名)	céngmiàn
6. 真正	(副)	zhēnzhèng		21. 悲欢离合		bēi huān lí hé
7. 进步	(动)	jìnbù		22. 遮挡	(动)	zhēdǎng
8. 牺牲	(动)	xīshēng		23. 洋溢	(动)	yángyì
9. 肯	(动)	kěn		24. 轰轰烈烈	(形)	hōnghōnglièliè
10. 激烈	(形)	jīliè		25. 和睦	(形)	hémù
11. 解放	(动)	jiěfàng		26. 渴望	(动)	kěwàng
12. 权利	(名)	quánlì		27. 巨大	(形)	jùdà
13. 负担	(动、名)	fùdān		28. 推动		tuī dòng
14. 减轻	(动)	jiǎnqīng				

三、练习

(一) 用正确的语调读出下列句子，注意画线部分：

1. <u>总算快下班了</u>，我可快要累死了。尤其是今天，特别累。
2. 有什么不放心的？现在的保姆都经过专业培训，有很多家政知识呢。
3. 顾得了家庭就顾不了事业，顾得了事业就顾不了家庭。
4. 可是，妇女又要工作，又要负担家务，<u>怎么顾得了那么多呀？</u>
5. 那样的话，就<u>没有什么顾得了顾不了的了</u>。
6. 我觉得，<u>家庭也好</u>，<u>事业也好</u>，都很重要。不过，要把两者都做好，恐怕也不容易吧。
7. <u>丈夫也好</u>，<u>妻子也好</u>，都应该关心这个家。
8. 所以我认为，妻子就应该为了丈夫的事业做出一点儿牺牲，<u>这样做有什么不可以呢？</u>
9. <u>有什么不平等的？</u>为了妻子的事业，丈夫也可以回家做家务、带孩子呀。

(二) 选择适当词语完成句子：

不然　激烈　投入　减轻　解决　进步

1. 在我们公司员工之间的竞争是很_____的。
2. 要想做好工作，必须全身心_____。
3. 平时要好好学习，_____，期末考试可得不了好成绩。
4. 你花钱要节省一点儿，好_____你父母的负担。
5. 放心吧，我们一定会帮助你_____困难。
6. 希望大家不断_____，取得更多的成绩。

(三) 用"有什么不……的"完成对话：

1. A：让保姆带孩子，你放心吗？
   B：_____。
2. A：你对新来的人满意吗？
   B：_____。
3. A：这里方便吗？
   B：_____。
4. A：这样做好吗？
   B：_____。
5. A：那样说能行吗？
   B：_____。
6. A：对不起，我实在不能说。
   B：_____。

(四) 成段表达：

你认为女人应该怎样处理好家庭和事业的关系？

参考词语：

总算	顾	倒退
男主外、女主内	真正	激烈
权利	全身心	投入

表达思路：提出解决问题的方法。

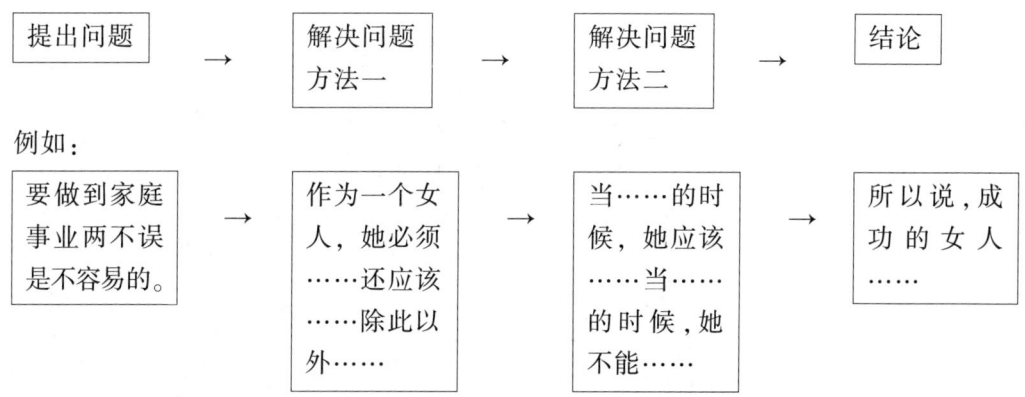

| 提出问题 | → | 解决问题方法一 | → | 解决问题方法二 | → | 结论 |

例如：

| 要做到家庭事业两不误是不容易的。 | → | 作为一个女人，她必须……还应该……除此以外…… | → | 当……的时候，她应该……当……的时候，她不能…… | → | 所以说，成功的女人…… |

（五）分组讨论：

1. 你觉得家庭和事业能兼顾吗？
2. 如果你工作很忙，顾不了家庭，你会怎么办？
3. 你认为什么样的人是最成功的？
4. 为了既做好工作，又照顾好家庭，你会怎样努力？

（六）主题发言：

以"家庭和事业都重要"为题准备主题发言，提出自己的观点，并说明理由。

（七）听力理解：

事业和家庭，哪个更重要

很多男人都认为，事业才是最重要的！没有事业的人生是苍白的，而没有家庭的人生只是遗憾的！作为一个男人，顾家当然应该，但是，更应该以事业为重！事业是温馨家庭的基础和保障。没有事业，就没有真正幸福的家庭。没有良好的事业基础，就没有家庭必要的物质基础。没有良好的事业心，就没有宝贵的责任心。没有事业心的男人也不会成为好丈夫、好父亲。事业有成，必然物质丰富，如此就能提高生活质量。生活质量提高了，也就能促进家庭和睦，等等。看看吧，男人们这一系列的话语可谓是振振有词，让女人们觉得无懈可击。

难道真的是这样的吗？大多数的女人会说，家庭第一，事业第二。没有了温馨的家庭，没有家人与你分享幸福，要事业有什么用？即便一个人在事业上再成功，没有家庭的话，那这个人也还是没能拥有完美，他的人生还是有点儿不完整。难道不是吗？俗话说，家才是温馨的港湾，因为当你倦了、累了、冷了的时候，家，这个避风港会让你感觉到温暖。

那是不是事业和家庭这二者都非常重要呢？

是的，家庭和事业是同等重要的，它们应该是平等的。事业是基础，家庭是港湾。只有事业,不算是真正的成功,因为无人与你分享;只有家庭,也不算是真正的幸福,因为缺乏个人价值!没有了事业,家庭就不会有稳定的经济基础,失去了应有的物质基础,家庭当然也就没有了幸福感与安全感。

补充词语：

1.	苍白	(形)	cāngbái
2.	温馨	(形)	wēnxīn
3.	保障	(名)	bǎozhàng
4.	责任心		zérènxīn
5.	振振有词		zhènzhèn yǒu cí
6.	无懈可击		wú xiè kě jī
7.	完美	(形)	wánměi
8.	港湾	(名)	gǎngwān
9.	倦	(形)	juàn
10.	避风港	(名)	bìfēnggǎng
11.	缺乏	(动)	quēfá

听后说：

1. 对待事业和家庭,很多男人都有什么样的想法?
2. 对待事业和家庭,很多女人都有什么样的想法?
3. 家庭和事业同等重要,我们应该怎样兼顾? 说说你的看法。

(八) 看图说话：

《幸福的童年》

男女平等

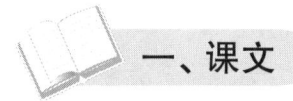 一、课文

（一）

赵亚明：怎么了？一脸的不高兴。

李　英：别提了，我今天去招聘会，刚把简历递上去，人家就说："对不起，我们公司只招男的。"你说，这男女是不是不平等啊？

赵亚明：有什么平等不平等的？也许那个公司这次招聘的职位只适合男人做。

李　英：我无论如何也不能同意你的观点，我们女人哪一点比你们男人差了？

赵亚明：不是说女人比男人差，而是因为有一些工作往往更适合男人做。

李　英：男人能做到的事，我们女人也一定能做到，说不准比男人做得还要好呢。

赵亚明：不一定吧，拿体力活儿来说，男人就比女人强。

李　英：谁说的？农村的妇女不是也在干体力活儿吗？

赵亚明：你的意思我明白，你是想说：妇女能顶半边天。

李　英：当然了，你看看那些女干部、女医生、女教师、女科学家，哪一点不如男的？

赵亚明：女人和男人一样有能力，这一点我承认，但是，中国人往往有男尊女卑的观念。

李　英：这种观念就不对，就应该彻底改变。

赵亚明：是应该改变，不过，拿找工作来说，很多公司还是更喜欢要男的。

李　英：所以我说在找工作的时候男女不平等呀。

赵亚明：我觉得，你说的这是个别现象，从总体上说，我们国家是提倡男女平等的。

李　英：实际上，不论在能力上还是在水平上，我们女人一点儿也不比你们男人差。

赵亚明：那当然了，你们是半边天嘛。

（二）

徐文义：你看，现在到处都写着"女士优先"，我们男人呀，是一点儿地位也没有了。

兰秀荣：谁说的？正因为你们男人的地位太高了，所以，才提倡"女士优先"呢。

徐文义：什么时候都"女士优先"，这是不是有点儿不公平啊？

兰秀荣：这有什么公平不公平的？这是对女士的尊重。

徐文义：女士是得到尊重了，可是吃亏的却总是男士。

兰秀荣：这才不叫吃亏呢，这叫有绅士风度。

徐文义：你可真会给人戴高帽子。

兰秀荣：哪儿呀？我这是实话实说。

徐文义：不过，说实话，现在，妇女的地位可真是提高了不少。

兰秀荣：是呀，现在不是一直都在提倡男女平等吗？

徐文义：拿经济收入来说，妇女的收入一点儿也不比男人少。

兰秀荣：这说明妇女的能力一点儿也不比男人差。

徐文义：当然，无论如何都不应该低估妇女的能力。

兰秀荣：其实，很多妇女还是很辛苦的，她们既要做好工作，又要照顾好孩子，还要做一些家务。

徐文义：让你这么一说，看来我们无论如何都得尊重妇女，"女士优先"了。

兰秀荣：那是当然了。

（三）

关于男女平等

前段时间《知音》杂志报道说：南京某名牌大学的一位男博士主动退学回家照顾孩子，成为"全职奶爸"，此事在社会上引起轩然大波。有人提出疑问：要是退学的博士是一位女性，是不是每个人就会觉得理所当然了。为什么当事业和家庭发生冲突时，非要女性牺牲自己的事业来维系家庭的和谐？

针对这些问题，我想反问：一对夫妇在家庭和事业之间做出抉择，由谁来放弃事业选择家庭，和男女平等这个问题能挂上钩吗？

其实所谓"平等"是体现在彼此尊重的基础上的。在家庭中谁主内，谁主外，应取决于家庭的协调，并不能由社会舆论和约定俗成的观念来决定。女性之所以长期担任"相夫教子"的角色，是因为女性在这方面比男性更有优势。有一位教授曾说："推动摇篮的手，就是推动地球的手。"这句话让人看到了母爱的伟大。因为封建思想长久地禁锢着我们，也因为妇女在家的角色定型了太久，所以直到今天，仍会有人把妇女照顾家庭看成是男女不平等的佐证。这就需要我们对观念进行转换和重新定位。

当家庭和事业发生冲突时，如果非要女性牺牲自己的事业来维系家庭的和谐，大部分女性都不会答应，她们在心里都可能会产生不平等的情绪。因此，在事业与家庭的抉择上，夫妻双方应相互理解、相互宽容，谁更适合做什么谁就做什么，男人当然也可以当"全职奶爸"。

社会发展到今天，我们会更理智、更严肃地去看待男女平等问题。如果两性之间摒弃了各种传统的观念，真正做到了彼此尊重、相互理解，将社会需求和自身奉献相结合来思考和衡量男女是否平等，内容终会被另一种文明和道德所取代。

（作者：丁燕怡）

二、生词及短语

1. 简历	（名）	jiǎnlì	17. 低估	（动）	dīgū
2. 递	（动）	dì	18. 轩然大波		xuānrán dà bō
3. 职位	（名）	zhíwèi	19. 理所当然		lǐ suǒ dāng rán
4. 差	（形）	chà	20. 维系	（动）	wéixì
5. 承认	（动）	chéngrèn	21. 抉择	（动）	juézé
6. 男尊女卑		nán zūn nǚ bēi	22. 彼此	（代）	bǐcǐ
7. 彻底	（形）	chèdǐ	23. 舆论	（名）	yúlùn
8. 个别	（形）	gèbié	24. 约定俗成		yuē dìng sú chéng
9. 优先	（动）	yōuxiān	25. 相夫教子		xiàng fū jiào zǐ
10. 提倡	（动）	tíchàng	26. 禁锢	（动）	jìngù
11. 公平	（形）	gōngpíng	27. 佐证	（名）	zuǒzhèng
12. 尊重	（动）	zūnzhòng	28. 宽容	（动）	kuānróng
13. 吃亏		chī kuī	29. 理智	（形）	lǐzhì
14. 绅士	（名）	shēnshì	30. 衡量	（动）	héngliáng
15. 风度	（名）	fēngdù	31. 取代	（动）	qǔdài
16. 戴高帽		dài gāomào			

 **三、练习**

（一）用正确的语调读出下列句子，注意画线部分：

1. 我无论如何也不能同意你的观点，我们女人哪一点比你们男人差了？
2. 当然，无论如何都不应该低估妇女的能力。
3. 让你这么一说，看来我们无论如何都得尊重妇女，"女士优先"了。
4. 不是说女人比男人差，而是因为有一些工作往往更适合男人做。
5. 不过，拿找工作来说，很多公司还是更喜欢要男的。
6. 你可真会给人戴高帽子。

（二）选择适当词语完成句子：

低估　提倡　简历　彻底　绅士　彼此

1. 要找工作首先得准备一份　　　　　　　　。
2. 那个男人这么没礼貌，真是太没有　　　　　　　风度了。
3. 我们是多年的老友，　　　　　　之间很了解。
4. 这道题经老师讲解以后，我才　　　　　　　明白了。
5. 现在全社会都在　　　　　　　"女士优先"。
6. 您千万不能　　　　　　了他的能力。

（三）用"往往……"完成句子：

1. 我早晨往往　　　　　　　　　　。
2. 坐飞机时人往往　　　　　　　　。
3. 当公务员往往　　　　　　　　。
4. 我当了中学老师后，往往　　　　　　　。
5. 人在发火的时候往往　　　　　　　。
6. 每个月末往往　　　　　　　。

（四）成段表达：

你认为男女有哪些差异？怎样才能做到男女真正平等？

参考词语：

无论如何	体力	承认
男尊女卑	彻底	提倡
公平	尊重	低估

表达思路：列举不同观点，进而阐述自己的观点。

说明事实	→	存在的不同观点	→	说出自己的观点并进行论述	→	概括总结

例如：

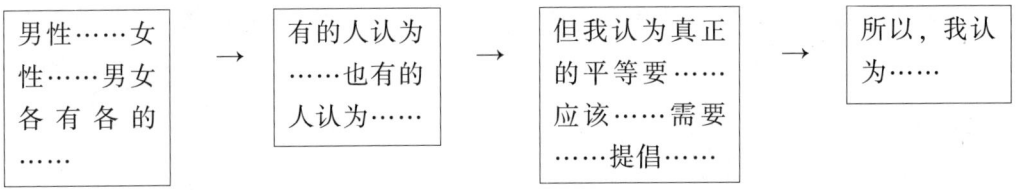

（五）词语搭配练习：

绅士	孩子
戴	高帽
吃	风度
个别	现象
照顾	亏
做	家务

（六）分组讨论：

1. 你认为男人能做的工作，女人都能做吗？

2. 如果你是女性，在找工作的时候遇到只招男性的情况，怎么办？你会有什么想法？

3. 你赞成"女士优先"吗？为什么？

4. 如果你是位公司的领导，你喜欢雇用男员工还是女员工？为什么？

（七）实践活动：

以"男女平等"为题，采访几个人，比如：司机、服务员、门卫、公司白领等，让他们谈谈各自的观点。

（八）听力理解：

女性越来越强势吗

小周原来在一家小企业工作，几个月前，妻子休完产假后准备上班。可是，妻子一上班，孩子在家没人照顾，怎么办？请个保姆吧，既不放心也不划算。由于小周的工作不如妻子的工作稳定，夫妻俩一商量，小周干脆辞了工作，专心在家里照顾孩子。他们的决定也得到了双方父母的支持。

几千年来，中国人默认的是一种"男主外，女主内"的家庭模式。男人出外工作养家糊口，女人在家操持家务，抚养孩子。像小周家这样"女主外，男主内"的情况，似乎并不多见。

在一家公司工作的王女士这样认为："在我看来，现在的社会应该已经实现了男女平等。我身边的许多朋友，在婚姻中，夫妻双方都经济独立，家务活儿也是两个人一起干，女性并不比男性差在哪儿。"

如今，女性在社会上似乎越来越强势。很多男人都怕老婆，所以，不少人在开玩笑时就爱称这类人为"气管炎"（妻管严）。

在一家国有企业工作的刘先生结婚才两年，不过，他家里的经济大权全掌握在他妻子手中,家务活儿却大多是由他来做。提起男女平等,小刘不由得发起了牢骚:"要我说,现在很多男性反而处在劣势的位置上,既要养家糊口,又要干家务活儿。现在应该呼吁男性解放了。"

(作者:王力)

补充词语:

1. 强势	(名)	qiángshì
2. 划算	(形)	huásuàn
3. 默认	(动)	mòrèn
4. 模式	(名)	móshì
5. 养家糊口		yǎng jiā hú kǒu
6. 操持	(动)	cāochí
7. 抚养	(动)	fǔyǎng
8. 似乎	(副)	sìhū
9. 独立	(动)	dúlì
10. 掌握	(动)	zhǎngwò
11. 牢骚	(名)	láosao
12. 呼吁	(动)	hūyù

听后说:

1. 小周为什么辞职了?
2. 几千年来,中国人默认的是一种什么样的家庭模式?
3. 在一家公司工作的王女士是怎样看待男女平等的?
4. 如果一个男人怕老婆,那么,人们在开玩笑时就会叫他什么?
5. 在一家国有企业工作的刘先生发了什么牢骚?为什么?

(九)看图说话:

《模仿》

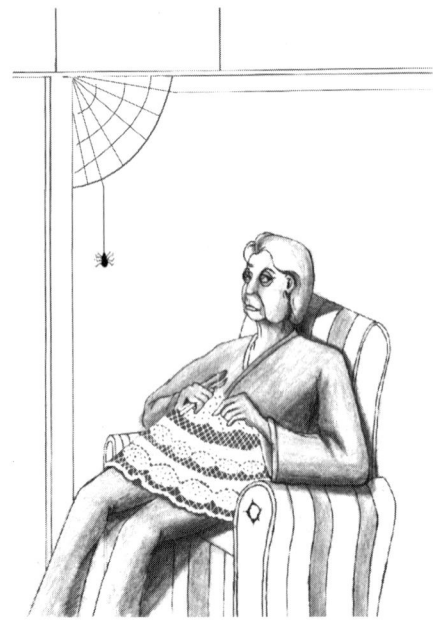

第九课　关心体育

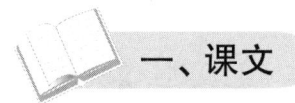

一、课文

（一）

吴月霞：你们喜欢参加体育运动吗？

林　强：当然喜欢。我最喜欢早晨去打太极拳，我觉得打太极拳对养生很有好处。

马凤杰：我和你的爱好不同，我喜欢武术，练起武术来，那才叫过瘾呢。

古　丽：我什么运动都喜欢参加，尤其是比赛。

吴月霞：比赛好是好，不过，总要有人赢，有人输。赢的人当然高兴，输的人多难过呀。

古　丽：有输有赢才有意思啊。只有多组织体育比赛，才能促进体育事业的发展。

林　强：我觉得，要促进体育事业的发展，不一定要组织比赛吧。比如我们早晨练太极拳，也是一种大众喜爱的体育运动。

古　丽：我认为，还是比赛更能促进体育事业的发展。

吴月霞：为什么这么说呢？

古　丽：你想啊，比赛的时候，你赢了当然好；万一输了，还得再练，一直练到使自己更强。这样一来，体育的竞技性不就显现出来了吗？这不也就促进体育事业的发展了吗？

马凤杰：说得对，比如乒乓球比赛，世界上最强的队要数中国队，别的队要想赶上中国队，就得拼命练。中国队呢，为了保持第一，也得拼命练。

林　强：看来，体育事业就是在这种对抗中发展起来的。

吴月霞：说的有道理，现在世界上最有影响的比赛要数奥运会了。

古　丽：是啊，每个运动员都很想在奥运会上取得名次，如果哪个运动员能拿到奥运会的冠军，那可是对他的最高奖赏了。

林　强：在奥运会上得冠军，那可是要多难有多难啊。

马凤杰：正因为难，所以它的含金量也最高呀。

吴月霞：当今，世界上很多国家都想申办奥运会。

古　丽：是啊，但是要想举办奥运会，非得有一定的国力不可。

林　强：没错儿，所以说，体育也是一个国家综合实力的标志。只有国家富强了，体育事业才能迅速发展。

（二）

王小明：我最喜欢看的体育比赛要数足球了。

杜国安：对，我也喜欢看足球，真是要多刺激有多刺激。

刘　聪：我觉得看足球太累人了。有时候，看了半天，一个球也没进，真是急死人了。

王小明：这才是足球的魅力所在呀，足球靠的是全队的团结合作，非要靠集体的智慧和力量不可。

杜国安：对，足球对运动员的要求也很高，只有反应快，才能进球。同时，运动员非得有一个好身体不可。

刘　聪：我看足球比赛的时候，要多紧张有多紧张。

王小明：说对了，进球的时候，那可是要多激动有多激动。

杜国安：是啊，足球场上的气氛也是要多热烈有多热烈。

刘　聪：足球比赛精彩是精彩，可是，我还是不太喜欢。

王小明：为什么呀？

杜国安：因为她胆小，受不了刺激。我说的对不对？

刘　聪：对什么呀，我和你们的爱好不同嘛。

（三）

国力强，体育强，中国与世界共享奥运荣光

　　截至 8 月 17 日晨，2008 年北京奥运会金牌榜前三名分别是中国、美国、德国，金牌总数分别为 27、16、9。不可否认，在本届奥运会前半段的赛程中，中国军团战绩骄人，国人有充足的理由欢欣鼓舞并为之自豪。在短短的一周内，我们为什么能收获如此之多的奥运金牌？需要理性地分析一下。

　　首先，中国的国力增强必然会推动体育的发展。当今中国的国力远非 1984 年重返奥运会时可比，对于体育事业的投入也自然水涨船高。

　　其次，运动员的训练方式更加科学、合理。近三十年来，中国的科技发展日新月异，反映在体育方面，各个运动队比以往更加注重将科技与体育有机结合。

　　第三，国际交流功不可没。随着改革开放的深入，体育的国际交流日益频繁。中国运动队中出现了大量外国教练，他们为中国体育带来了先进的训练技术和丰富的比赛经验。此外，有中国运动员参加的国际赛事也越来越多。

第四,全民健身的普及为中国体育事业的全面发展奠定了强大的群众基础。

此外,中国人在国际体育比赛中的成绩不断提高,这在激发民族自豪感的同时,也吸引了更多的青少年参与到体育事业中来。

我们有理由相信,奥运会在北京举办,将为中国提供一个体育事业再度腾飞的良好契机。如此之多的国际级体育明星,必将引发更多人对体育运动的兴趣。这是中国举办奥运会的收获之一,同时也是国际奥委会的收获,因为在这方面,是中国的也就是世界的。

二、生词及短语

1. 太极拳	(名)	tàijíquán
2. 养生	(动)	yǎngshēng
3. 武术	(名)	wǔshù
4. 促进	(动)	cùjìn
5. 显现	(动)	xiǎnxiàn
6. 拼命	(副)	pīnmìng
7. 对抗	(动)	duìkàng
8. 名次	(名)	míngcì
9. 奖赏	(动)	jiǎngshǎng
10. 冠军	(名)	guànjūn
11. 含金量	(名)	hánjīnliàng
12. 国力	(名)	guólì
13. 富强	(形)	fùqiáng
14. 迅速	(形)	xùnsù
15. 刺激	(动)	cìjī
16. 魅力	(名)	mèilì
17. 智慧	(名)	zhìhuì
18. 力量	(名)	lìliàng
19. 气氛	(名)	qìfēn
20. 截至	(动)	jiézhì
21. 金牌	(名)	jīnpái
22. 欢欣鼓舞		huānxīn gǔwǔ
23. 水涨船高		shuǐ zhǎng chuán gāo
24. 日新月异		rì xīn yuè yì
25. 功不可没		gōng bù kě mò
26. 频繁	(形)	pínfán
27. 自豪感	(名)	zìháogǎn
28. 契机	(名)	qìjī

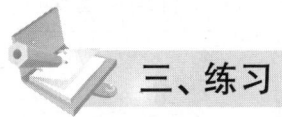

三、练习

(一) 用正确的语调读出下列句子,注意画线部分:

1. 比如乒乓球比赛,世界上最强的队要数中国队,别的队要想赶上中国队,就得拼命练。
2. 现在世界上最有影响的比赛要数奥运会了。
3. 在奥运会上得冠军,那可是要多难有多难啊。
4. 但是要想举办奥运会,非得有一定的国力不可。
5. 所以说,体育也是一个国家综合实力的标志。只有国家富强了,体育事业才能迅速发展。

6. 我最喜欢看的体育比赛要数足球了。

7. 足球靠的是全队的团结合作，<u>非要靠集体的智慧和力量不可</u>。

8. 说对了，进球的时候，<u>那可是要多激动有多激动</u>。

（二）解释下列句子中的画线部分：

1. 在奥运会上得到名次，<u>含金量</u>是非常高的。

2. 每个运动员都想在奥运会上拿到<u>冠军</u>。

3. 我国改革开放以后，<u>国力</u>迅速增强了。

4. 那个孩子听到这个消息，<u>迅速</u>跑了出去。

5. 他的演讲真<u>精彩</u>，令人激动万分。

6. 足球运动非常有<u>魅力</u>。

（三）用"只有……，才能……"完成句子：

1. 只有多吃水果，_____。

2. 只有刻苦努力，_____。

3. 只有国家的实力增强了，_____。

4. 只有身体健康，_____。

5. 只有去医院，_____。

6. 只有坚持打太极拳，_____。

（四）成段表达：

你认为全民健身的普及对于促进国家的体育事业会有怎样的帮助？

参考词语：

热烈	智慧	奖赏	拼命
促进	显现	冠军	含金量
国力	富强	迅速	魅力
团结	合作		

表达思路：反复强调自己的观点。

表明观点 → 列举实例 → 显现的效果 → 再次强调观点

例如：

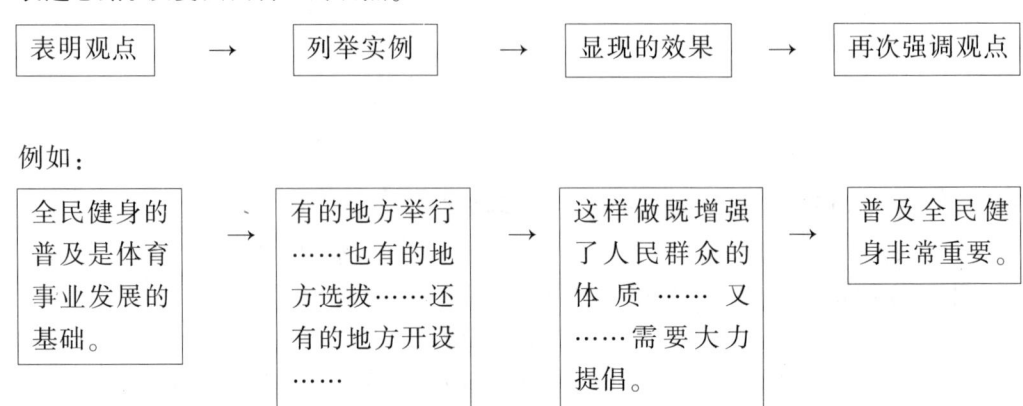

（五）分组讨论：

1. 为什么很多人喜欢看足球比赛？

2. 你觉得一个国家的国力与体育事业有哪些关系？

3. 奥运会对世界产生了什么影响？

（六）实践活动：

说说现在人们体育锻炼的方式和十年以前相比有什么不同。

（七）听力理解：

慢跑——健身之首选

研究表明，轻松地慢跑能增强人的呼吸功能，增加肺活量，提高人体的通气和换气能力。慢跑时人体吸收的氧气比静坐时多 8~12 倍。氧气对维持人体生命活动必不可少，吸氧的能力大小直接影响到人的心肺功能。

一般情况下，老年人吸氧能力较低，而通过锻炼能提高吸氧能力。经常慢跑的老年人的最大吸氧量不仅显著高于不锻炼的同龄人，而且还高于参加一般性锻炼的老年人。慢跑运动可使人体心肌增强、增厚，具有锻炼心脏、保护心脏的作用。多年慢跑的老年人的心脏大小及功能与不参加锻炼的 20 岁的年轻人的心脏无异，这是因为其长期坚持锻炼，改善了心肌营养，使得心肌发达，功能提高。

慢跑可使血流增快，具有改善血液循环的作用。慢跑能促进全身新陈代谢，控制体重，预防动脉硬化，消除大脑疲劳。

早晨跑步有助于身体健康。慢跑速度应根据体力而定，宜慢不宜快，以自然步伐轻松地向前行进，以循序渐进、持之以恒为原则。跑步要从短程开始，逐步增加。运动量应该以慢跑后自己感觉轻松舒适，没有呼吸急促、腰腿疼痛、特别疲乏等不良反应为宜。

慢跑时，全身肌肉要放松，呼吸要深长，缓慢而有节奏，可以两步一呼、两步一吸，也可以三步一呼、三步一吸，适宜用腹部深呼吸。慢跑时步伐要轻快，双臂自然摆动。慢跑的时间以每天 20~30 分钟为宜，必须长期坚持才能有效。

慢跑运动可分为原地跑、自由跑和定量跑等。原地跑就是原地不动地进行慢跑，开始每次可跑 50~100 步，循序渐进，逐渐增多，持续 4~6 个月之后，每次可增加到 500~800 步。高抬腿跑可以加大运动强度。自由跑是根据自己的情况，随时改变跑的速度，不限距离和时间。定量跑有时间和距离的限制，就是在一定时间内跑完一定的距离，逐步增加。

补充词语：

1.	氧气	（名）	yǎngqì
2.	显著	（形）	xiǎnzhù
3.	心肌	（名）	xīnjī
4.	血液	（名）	xuèyè
5.	循环	（动）	xúnhuán
6.	动脉	（名）	dòngmài
7.	循序渐进		xúnxù jiànjìn

8. 持之以恒　　　　　　　chí zhī yǐ héng

9. 疲乏　　　　（形）　　pífá

10. 缓慢　　　　（形）　　huǎnmàn

11. 逐渐　　　　（副）　　zhújiàn

12. 逐步　　　　（副）　　zhúbù

听后说：

1. 研究表明，进行轻松地慢跑有哪些好处？

2. 早晨跑步应该怎样？

3. 每天慢跑多长时间为宜？

4. 慢跑运动可分为几种情况？请具体说明一下。

（八）看图说话：

《重量级冠军》

第十课 交通问题

 一、课文

（一）

司　机：您好！请问您上哪儿？

乘　客：我去东方书城。

司　机：那里是繁华地段，经常堵车，我看咱们最好走高架桥，虽说绕点儿路，但是不堵车，您说呢？

乘　客：行，您看着办吧，反正越快越好。

司　机：您放心好了，保证耽误不了您的事儿。不瞒您说，我是有名的"活地图"，全城没有我不知道的地方。

乘　客：那太好了。看样子您开车有年头儿了吧？

司　机：快五年了。

乘　客：生意还好吧？

司　机：还可以，就是这路上动不动就堵车。

乘　客：是啊，现在这堵车真成了家常便饭了。

司　机：有时候明明知道前面会堵车，可是乘客非要那么走，我也没有办法，只好硬着头皮往前开，乘客是上帝嘛。

乘　客：那样的话，会耽误很多时间呀。

司　机：可不嘛，既耽误乘客的时间，也耽误我的时间。可是没法子呀，总不能和乘客吵架吧？

乘　客：看来，这城市的交通真是个大问题呀。

司　机：那当然。

乘　客：前天不是"无车日"吗？听说，全国有108座城市开展了这项活动，号召市民选择步行、骑自行车、乘公共交通工具等"绿色交通"方式出行。

司　机：唉！说是"无车日"，可我跑车时，遇到了好几次堵车现象。那天上路的车压根儿没减少，尤其是私家车，根本就没在家"休息"……

乘　客：是吗？全国那么多城市都能做到"无车日"里无私家车上路，咱们这儿怎么就做不到呢？

司　机：说的就是呀。我听说，记者还采访了一些私家车的车主，问他们为什么在"无车日"开车？

乘　客：他们怎么说？

司　机：他们说压根儿就不清楚"无车日"这回事儿。反正人家不知道。

乘　客：嗨，怎么会这样？

司　机：所以说呀，倡导环保意识，推动全社会对汽车文明的整体认知，还是很重要的呢。

乘　客：没错儿。

（二）

古　丽：随着社会的发展，汽车给人们的日常出行带来了很大的方便，可同时，也的确带来了不少问题。

崔英日：对，最大的问题就是堵车。

林　强：虽说堵车烦人，可是有车还是方便呀。要是让我选择，我还是要开车。

古　丽：可是，你坐在开不动的汽车里，还有什么方便的呢？

崔英日：是啊，你没看见堵车的时候，半天才能开几步，我看，比走路快不了多少。

林　强：不管你们怎么说，反正我还是认为汽车的利大于弊。

古　丽：不仅是堵车，汽车还给我们带来了空气污染和噪声污染，严重地影响着我们的生活。

崔英日：对呀，总不能为了方便就让城市的空气越来越差吧？总不能让大家都生活在噪声之中吧？

林　强：既然你们这么反对汽车，那就步行好了。等到走不动的时候，你们就会赞同我的意见了。

古　丽：你的想法压根儿就不对，要是人人都这么想，那我们的城市有一天就会变成"停车场"了。

崔英日：是啊，我们不是反对汽车，而是反对汽车发展带来的问题。

林　强：虽说你们说的有道理，但是也得面对现实呀。当今的社会没有汽车成吗？

古　丽：所以才要面对问题，研究解决嘛。

（三）

老外给北京交通提建议

作为一个在北京生活了四五年的外国人，我对北京的交通有一些自己的看法。我认为，北京交通拥堵并不全是私家车造成的，管理跟不上、道路和配套设施还有待进一步完善等都是重要因素。

我注意到,在北京市中心,找不到地方停车的情况比较普遍。这不仅给人们出行带来不便,还容易造成违规停车,从而导致交通拥堵。北京的停车位往往是专属于某个写字楼的,公共停车位很少。而在美国,你要建一个写字楼,就必须配备一些公共停车位。美国的停车场有很多种:地下的、多层的。在某些城市,公共停车场是由企业而不是由市政部门来修建的,因为在当地,建停车场是一个有利可图的产业。北京也可以效仿这些做法。比如,政府可以规定房地产开发商在盖楼的时候,建多大面积的楼就应该配建多少个公共停车位,等等。我觉得在城市交通建设中,中国的各地政府能发挥更大的主导作用。

另外,北京也可以采取一些灵活措施。这几年,北京在人口分布上和美国大城市越来越像,住在郊区的人越来越多。因此在很多主干道上,早上上班时,往往是进城的车多,出城的车少,晚上下班时则相反。在美国的一些大城市如芝加哥,进城和出城的主干道上都有两条机动车道。早上的上班高峰,这两条车道供进城的车辆行驶,傍晚的下班高峰,车道改为供出城的车辆行驶。这在很大程度上缓解了交通拥堵问题。

在目前北京私家车越来越多的情况下,只有加强对车辆的管理,把道路和配套设施搞上去才是解决交通问题的根本途径。我相信北京完全具备治理交通的能力。

(根据《环球时报》2003 年 11 月 5 日《老外给北京交通提建议》改写,作者:金凯[美])

二、生词及短语

1. 繁华	(形)	fánhuá		12. 采访	(动)	cǎifǎng
2. 地段	(名)	dìduàn		13. 倡导	(动)	chàngdǎo
3. 高架桥		gāojiàqiáo		14. 整体	(名)	zhěngtǐ
4. 绕	(动)	rào		15. 认知	(动)	rènzhī
5. 反正	(副)	fǎnzheng		16. 利大于弊		lì dà yú bì
6. 保证	(动)	bǎozhèng		17. 污染	(动)	wūrǎn
7. 耽误	(动)	dānwu		18. 噪声	(名)	zàoshēng
8. 瞒	(动)	mán		19. 拥堵	(动)	yōngdǔ
9. 家常便饭		jiācháng biànfàn		20. 配套		pèi tào
10. 吵架		chǎo jià		21. 设施	(名)	shèshī
11. 压根儿	(副)	yàgēnr		22. 违规		wéi guī

23. 导致 （动） dǎozhì	28. 具备 （动） jùbèi
24. 有利可图 yǒu lì kě tú	29. 治理 （动） zhìlǐ
25. 效仿 （动） xiàofǎng	**专 名**
26. 行驶 （动） xíngshǐ	芝加哥 Zhījiāgē
27. 途径 （名） tújìng	

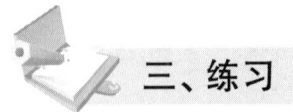

三、练习

（一）用正确的语调读出下列句子，注意画线部分：

1. 我看咱们最好走高架桥,虽说绕点儿路,但是不堵车,您说呢?
2. 行,您看着办吧,反正越快越好。
3. 可是没法子呀。总不能和乘客吵架吧?
4. 他们说压根儿就不清楚"无车日"这回事儿。反正人家不知道。
5. 虽说堵车烦人,可是有车还是方便呀。要是让我选择,我还是要开车。
6. 不管你们怎么说,反正我还是认为汽车的利大于弊。
7. 总不能为了方便就让城市的空气越来越差吧?
8. 总不能让大家都生活在噪声之中吧?
9. 你的想法压根儿就不对,要是人人都这么想,那我们的城市有一天就会变成"停车场"了。
10. 虽说你们说的有道理,但是也得面对现实呀。当今的社会没有汽车成吗?

（二）选择适当词语完成句子：

繁华 采访 影响 保证 耽误 倡导

1. 这条街是这个城市最热闹的地方,也是最_____的地方。
2. 别_____时间了,快走吧。要不然来不及了。
3. 今天云层这么薄,明天_____是个大晴天。
4. 今天记者_____了我们的老师。
5. 学校一直_____同学们发扬团结友爱的集体主义精神。
6. 他每天工作到深夜,时间长了,严重_____了他的身体健康。

（三）用"总不能……吧"完成句子：

1. 你已经是成年人了,总不能_____吧?
2. 这种药这么贵,可是,总不能_____吧?
3. 你是服务员,总不能_____吧?
4. 他是经理,总不能_____吧?
5. 考试的时候,总不能_____吧?
6. 我虽然生病了,可总不能_____吧?

（四）成段表达：

你认为应该采取什么办法来减少汽车造成的环境污染？

参考词语：

虽说……但是……	家常便饭	污染
反正	压根儿	明明
严重	影响	

表达思路：从两个相对的方面进行说明或展开论述。

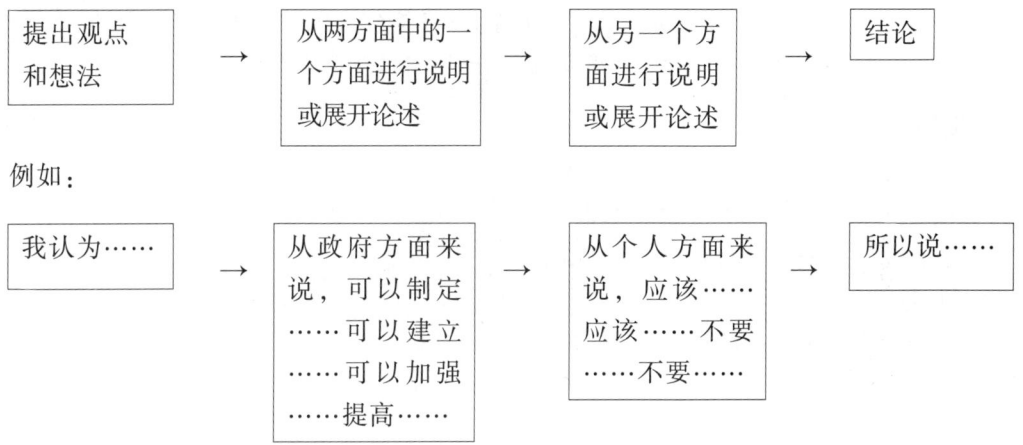

例如：

（五）分组讨论：

1. 如果你是有车一族，你对"无车日"怎么看？

2. 你认为应该怎样解决城市交通的堵车问题？

3. 城市交通出现的若干问题可以给我们带来哪些思考？

（六）主题发言：

以"交通与社会"为题准备主题发言，提出自己的观点，并说明理由。

（七）听力理解：

无车日

1998 年起源于法国的世界"无车日"发展至今，已经成为一项世界性的环保运动，其本意就是倡导"无车"概念，减少汽车尾气对环境造成的污染和汽车对交通造成的压力。

1998 年 9 月 22 日，法国 35 个城市的市民自愿在这一天放弃使用私家车。一年后的同一天，66 个法国城市和 92 个意大利城市参加了"无车日"活动。之后的 2000 年，"无车日"倡议被纳入欧盟的环保政策框架内。9 月 22 日成了"欧洲无车日"、"国际无车日"，全球先后有 1488 座城市加入了这一活动。

在"无车日"这一天，世界各国都会倡导大家尽量不要使用私家车，号召人们乘坐公共交通工具、骑自行车或者就近步行。

"无车日"的产生，首先源于人们对自身生活方式的一种反思。人们为了便于出行，获得更快的速度而买车;可是,私家车越多,交通越拥堵,人们反而失去了效率和速度。这确实是一个应该反思的问题。

需要强调指出的是,"国际无车日"活动并不是拒绝汽车,而是要唤起民众对环境问题的重视。9月22日这一天,让我们恢复行走和活动的自由,来体味平静生活的快乐。不少市民表示,应该以"无车日"为契机,推动社会对汽车文明的整体认知,未雨绸缪,及早应对,防止车多成患。

记者听一些的哥说,他们曾在乌鲁木齐市看到一些骑着山地车的青年,他们车后架上的宣传旗帜上都印着:"我的城市,我的新鲜空气!"这样的活动足以引起人们的关注。

现在,"无车日"已经过去一个多月了,公交优先却仍然是人们关心的热点话题。记者发现,在一些发达国家,很多居民虽然拥有私家车,但在工作日时的使用率并不高,顶多是将车开到地铁站后,再换乘地铁出行。记者认为,这一做法值得我们借鉴。

补充词语:

1.	起源	(动)	qǐyuán
2.	放弃	(动)	fàngqì
3.	纳入	(动)	nàrù
4.	号召	(动)	hàozhào
5.	反思	(动)	fǎnsī
6.	效率	(名)	xiàolǜ
7.	强调	(动)	qiángdiào
8.	拒绝	(动)	jùjué
9.	未雨绸缪		wèi yǔ chóumóu
10.	旗帜	(名)	qízhì

专名:

欧盟 Ōu Méng

听后说:

1. "无车日"起源于哪个国家?
2. "无车日"的本意是什么? 它倡导的是什么?
3. 为什么说"无车日"的产生是人们对自身生活方式的一种反思?
4. "无车日"活动就是拒绝汽车吗?
5. 一些发达国家的什么做法值得我们借鉴?

(八) 看图说话:

《未来城市》

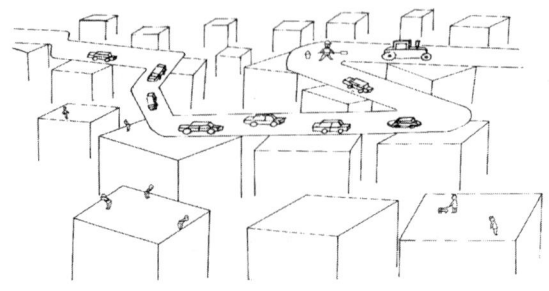

第十一课　说说广告

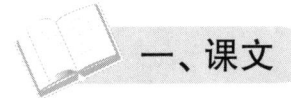 一、课文

（一）

赵凤梅：听说你已经在广告公司工作两年了。

林　强：是呀，我专门从事广告的策划和设计工作。

赵凤梅：不瞒你说，我可是最讨厌广告了。

林　强：你可不能这么说，其实，在现实生活中，广告是非常重要的。

赵凤梅：重要是重要，这我也知道，可是现如今的广告到处泛滥，可真够烦人的。

林　强：话不能这么说，现如今人们的生活根本离不开广告。

赵凤梅：广告对别人来说可能很重要，不过，对我来说可不重要。越是在广告上大力宣传的，我越不买。

林　强：消费者确实有这种心理，不过，这只是一种情绪，而且只是在看广告时的一种情绪。真正购买商品的时候，还是会受广告的影响。

赵凤梅：你说的也有道理，平时我看见广告，气就不打一处来，可是真的想买东西的时候，还是常常会想起以前看过或者听过的广告。

林　强：可不是嘛，这说明广告的作用还是非常大的。要不，要我们这些广告策划人员干吗？

赵凤梅：你还真别说，你这么一说还真改变了我对广告的看法。

林　强：那你说说，你觉得什么样的广告才是好广告？

赵凤梅：一般说来，能给消费者留下深刻印象的就是好广告。

林　强：没错儿，做广告的目的就是要让别人记住你的产品。

赵凤梅：那你一般是怎么策划广告的？

林　强：其实一则好的广告也是一个艺术品，它要真实而生动地反映产品，语言要有韵味，配乐要优美，画面也要赏心悦目。

赵凤梅：要求还挺高的。

林　强：可不是嘛，每一则广告都是精心策划出来的。要不，怎么能够吸引人呢？

赵凤梅：看来，要是带着欣赏的眼光去看广告，就不会讨厌广告了。

（二）

张　华：马上就要填报高考志愿了，你想报考什么专业？

古　丽：广告设计与制作专业。

张　华：你为什么想报考这个专业呢？

古　丽：因为我觉得这个专业适应了市场的需要，有实用价值。

张　华：你平时不是很讨厌广告吗？

古　丽：平时讨厌，是因为广告影响了我看精彩的球赛。现在选择这个专业，是因为我真的对广告的设计与制作感兴趣。

张　华：这个专业的实用性倒是很强，你想啊，哪个企业不需要做广告呀？

古　丽：可不是嘛，我想要是把这个专业学好了，以后可是大有用武之地呀。

张　华：不过，我总觉得广告就是"王婆卖瓜，自卖自夸"。

古　丽：从做广告的商家角度讲，这也没什么错儿。这说明，广告宣传既很重要，也很必要。

张　华：但是，从消费者的角度讲，还是希望广告能够说到做到，要不，消费者就不相信广告了。

古　丽：那是当然的。等我学到了真本事，一定会设计出又真实、又好看的广告。

张　华：那我们就等着看你这位广告专家的大作了。

（三）

旅游广告走进美国电影院

近年来，在中国游客纷纷走出国门的同时，中国旅游业却面临着如何在海外推介自己的难题。7月2日至7月29日，在美国洛杉矶地区的几个电影院里，上演了一部中国旅游广告短片。这是中国旅游业推销自己的一种新尝试，引起了业界的广泛关注。

这部广告短片长约1分钟，是中国驻洛杉矶旅游办事处与美国联合资源国际公司联合制作的，这也是中国旅游广告首次进入美国电影院。此次播放广告片的5个城市，市民家庭年收入平均在10万美元以上，是中国旅游业的潜在客源。对于这些美国人来说，中国悠久的历史文化、自然及人文景观、现代城市及人民生活都是具有吸引力的看点。

中国驻洛杉矶旅游办事处主任张新红女士告诉记者，看电影是美国人生活中不可缺少的内容，因此影院中播放的广告对美国人影响很大。尤其是七八月间，学校放假，影院里观众激增。加上今年7月，美国各地影院纷纷推出好莱坞热门新片,在这些大片放映前播放广告,是扩大中国旅游影响的良机。中国旅游广告播放了一个月,收视观众达50万人次。广告短片上还刊登了一个名为"发现今日中国"的网址,与中国驻洛杉矶旅游办事处的网站相连,感兴趣的美国观众,可以随时上网浏览,大大提高了短片的延伸效应。

张新红说,到中国去旅游,对于不少美国人来说,是一辈子的一件大事。过去中国的旅游宣传力度与覆盖面都不够,此次用电影广告形式宣传中国旅游是一次良好的尝试。一位美国旅游业人士说,看短片时感觉很震撼,这种推介手段很好,对美国人的吸引力很大。中国过去在美国作旅游推介,要么搞图片展览,要么是文艺演出,花费很多但却远不如电影广告这种形式容易被美国民众接受。

(作者:李文云)

二、生词及短语

1. 从事	(动)	cóngshì		17. 纷纷	(副)	fēnfēn
2. 策划	(动)	cèhuà		18. 面临	(动)	miànlín
3. 设计	(动)	shèjì		19. 尝试	(动)	chángshì
4. 泛滥	(动)	fànlàn		20. 广泛	(形)	guǎngfàn
5. 情绪	(名)	qíngxù		21. 关注	(动)	guānzhù
6. 影响	(动)	yǐngxiǎng		22. 潜在	(形)	qiánzài
7. 气不打一处来		qì bù dǎ yí chù lái		23. 网址	(名)	wǎngzhǐ
8. 韵味	(名)	yùnwèi		24. 浏览	(动)	liúlǎn
9. 赏心悦目		shǎng xīn yuè mù		25. 力度	(名)	lìdù
10. 精心	(形)	jīngxīn		26. 覆盖面	(名)	fùgàimiàn
11. 填报	(动)	tiánbào		27. 震撼	(动)	zhènhàn
12. 制作	(动)	zhìzuò		28. 接受	(动)	jiēshòu
13. 适应	(动)	shìyìng				
14. 价值	(名)	jiàzhí		**专 名**		
15. 大有用武之地		dà yǒu yòng wǔ zhī dì		1. 洛杉矶		Luòshānjī
16. 王婆卖瓜,自卖自夸		Wáng pó mài guā, zì mài zì kuā		2. 张新红		Zhāng Xīnhóng
				3. 好莱坞		Hǎoláiwù

 三、练习

(一) 用正确的语调读出下列句子,注意画线部分:

1. 话不能<u>这么说</u>,现如今人们的生活根本离不开广告。

2. 你说的也有道理,平时我看见广告,<u>气就不打一处来</u>,可是真的想买东西的时候,还是常常会想起以前看过或者听过的广告。

3. <u>可不是嘛</u>,这说明广告的作用还是非常大的。<u>要不</u>,要我们这些广告策划人员干吗?

4. <u>可不是嘛</u>,每一则广告都是精心策划出来的。<u>要不</u>,怎么能够吸引人呢?

5. 不过,我总觉得广告就是"王婆卖瓜,自卖自夸"。

6. 从做广告的商家角度讲,<u>这也没什么错儿</u>。这说明,广告宣传既很重要,也很必要。

(二) 选择适当词语完成句子:

从事　王婆卖瓜,自卖自夸　气不打一处来　泛滥　特意　根本

1. 这件礼物是我_____给您买的。

2. 你现在_____什么工作呀?

3. 那件事情我_____不知道,怎么能怪我呢?

4. 现在的各种广告太多了,简直都_____成灾了。

5. 听说了那件事情以后,真把我气坏了,_____。

6. 谁都说自己的东西好,这就叫做"_____"。

(三) 用"这说明……"完成句子:

1. 我们学习汉语根本离不开词典,这说明,_____。

2. 小孩子特别需要妈妈的关怀,这说明,_____。

3. 这种产品卖得特别好,这说明,_____。

4. 妻子比丈夫挣得还多,这说明,_____。

5. 这么难的考试题他都做出来了,这说明,_____。

6. 天又阴了,这说明,_____。

(四) 成段表达:

你认为现代人的生活中没有广告成吗?

参考词语:	专门	策划	不瞒……说
	泛滥	消费者	理智
	影响	气不打一处来	赏心悦目
	价值	大有用武之地	

表达思路: 从正反两方面进行论述。

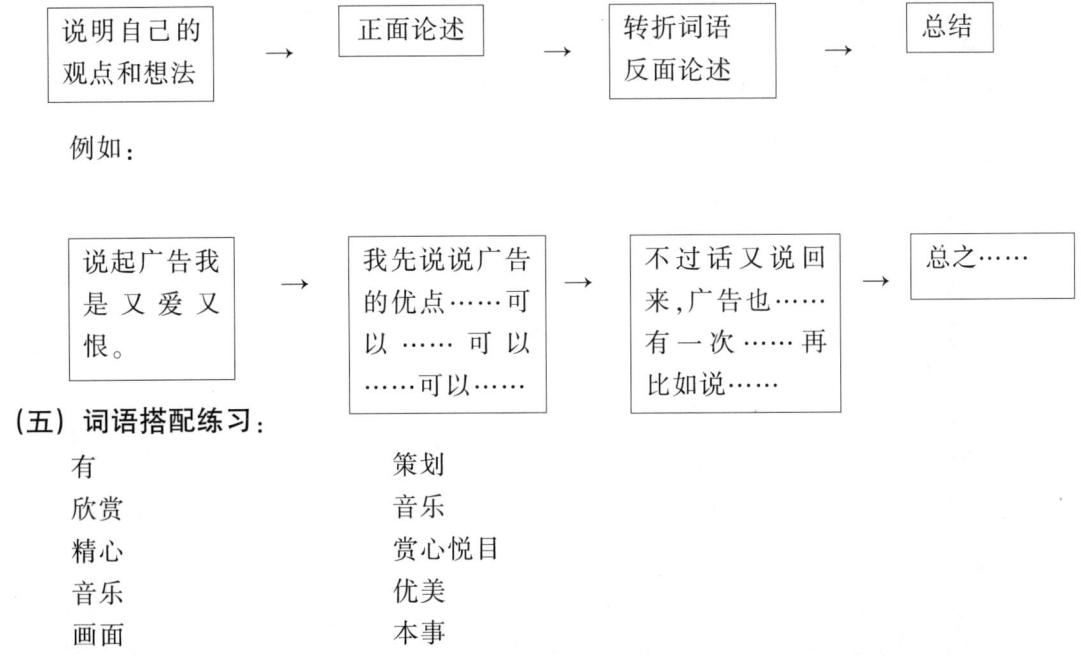

（五）词语搭配练习：

有	策划
欣赏	音乐
精心	赏心悦目
音乐	优美
画面	本事

（六）分组讨论：

1. 说说你记得最清楚的一则广告。为什么这则广告会给你留下深刻的印象？

2. 你认为什么样的广告才是精彩的广告？为什么？

3. 请你设计一则吸引人的广告。

（七）实践活动：

　　向大家介绍自己喜欢或印象深刻的一则广告，具体说说这则广告的内容和画面，看看能不能引起大家的共鸣。

（八）听力理解：

抱怨不如改变

　　其实，我们绝大多数人都有过类似的经历：一件事情、一个人就能使我们长时间地烦恼。

　　有一则古老的寓言也许可以给我们一些启示。有一个年轻的农夫，划着小船，给另一个村子的人运送农产品。那天天气特别热，农夫汗流浃背。他希望赶紧完成任务，在天黑之前能返回家中。突然，农夫发现，前面有另外一只小船，迎面向自己快速驶来。眼看着两只船就要撞上了，但那只船并没有避让的意思，似乎是有意要撞翻农夫的小船。

　　"让开，快点儿让开！你这个白痴！"农夫大声地向对面的船吼叫道，"再不让开你就要撞上我了！"但农夫的吼声完全没用，尽管他手忙脚乱地想要躲开对方，但是，那只船还是重重地撞上了他的船。农夫被激怒了，他大声说："你会不会驾船？这么宽的河面，你竟然撞到了我的船上！"但当农夫仔细看对方的小船时，他才吃惊地发现，那只小船上没有人。原来是一只空船。

　　在多数情况下，当你生气的时候，你的听众也许只是一只空船，它决不会因为你的吼叫而改变方向。

补充词语：

1. 抱怨　　　　　（动）　　　bàoyuàn
2. 类似　　　　　（动）　　　lèisì
3. 寓言　　　　　（名）　　　yùyán
4. 启示　　　　　（名）　　　qǐshì
5. 汗流浃背　　　　　　　　　hàn liú jiā bèi
6. 驶　　　　　　（动）　　　shǐ
7. 撞　　　　　　（动）　　　zhuàng
8. 避让　　　　　（动）　　　bìràng
9. 翻　　　　　　（动）　　　fān
10. 吼叫　　　　 （动）　　　hǒujiào
11. 激怒　　　　 （动）　　　jīnù

听后说：

1. 请复述这则寓言。
2. 说说这则寓言告诉我们一个什么道理？
3. 怎样理解"抱怨不如改变"？

（九）看图说话：

《填不满》

"月光族"

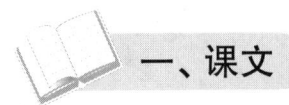

一、课文

（一）

玉　华：妈，我买了一条裙子，您看怎么样？

妈　妈：你前些天不是刚买了一条吗？怎么又去买呀？

玉　华：那条啊，太老气了，您瞧这条，多时髦啊。

妈　妈：你每个月就那么一点儿工资，老赶时髦你赶得起吗？你也老大不小的了，该攒点儿钱了。

玉　华：我现在是"月光族"，每个月吃光、花光。我才不攒钱呢。

妈　妈：什么叫"月光族"啊？

玉　华：就是每个月挣多少花多少。

妈　妈：那有什么好？要是人人都这样，那日子还怎么过？

玉　华：怎么不能过？妈，你们这些人哪，都是老脑筋，你们总认为"会赚不如会省"；但如今的年轻人呀，可不那么想，我们认为"能花才更能赚"。

妈　妈：这都是什么理论哪？花钱要是没有个计划性，那以后还不得喝西北风啊。

玉　华：怎么会哪？我们这叫超前意识。

妈　妈：我没有你那么多新名词，说不过你。我问你，这条裙子挺贵的吧？

玉　华：不贵，才 390 块。

妈　妈：我的天！390 块还不贵？我一个月的退休金才 800 块！

玉　华：妈，现在都什么年代了，您还想着一件衣服一二十块呀，您也得换换脑筋了。要是大家的想法都和您一样，这社会还怎么进步啊？

妈　妈：什么年代也不能像你这样大手大脚啊！

玉　华：大手大脚怎么了？这叫潇洒。

妈　妈：玉华，妈跟你说，你现在还年轻，该多攒点儿钱，咱可别当什么"月光族"。

玉　华："月光族"怎么了？那才叫时髦呢。再说了，我工作那么累，花点儿钱慰劳一下自己也是应该的。

妈　妈：适当地花钱当然可以，不过当"月光族"，我可不同意。

（二）

古　丽：你们听说过"月光族"吧？

王小明：当然听说过，"月光族"就是把每个月挣的钱都花光、用光，自得其乐。

赵　新：我最推崇"月光族"了，我认为"月光族"是时尚、青春的代表。

刘　聪：我和你的想法就不一样，大手大脚是坏习惯，还时尚、青春呢？

古　丽：就是，我也觉得"月光族"不好。

王小明：不过，"月光族"也有它的可取之处，比如说：它能促进市场经济的繁荣，加速货币的流通。

赵　新：对呀，"月光族"还勇于尝试新的事物，能掌握流行的发展趋势，成为走在时代前端的摩登人群。

刘　聪：可是，你别忘了，"月光族"也可能会负债累累啊！

古　丽：对，是有这种可能。

王小明：那又怎么了？那才是对一个人心理素质的考验呢。"月光族"在一个月内，能够体会到挥金如土和身无分文两种生活。多刺激啊，多有意思啊！

赵　新：还有啊，"月光族"对于每个月发薪水的那一天，有殷切的企盼，生活有明确的目标，充满了动力。

刘　聪：瞧瞧，越说越离谱儿了。我看哪，你们都夸大了"月光族"的优点，没有看到它的危害。

古　丽：是啊，这种生活方式容易使人养成大手大脚的花钱习惯，只看重眼前的快乐，肯定不利于未来的发展。

王小明：要我说呀，你们是公说公有理，婆说婆有理。

刘　聪：不论哪种道理，还是要根据自己的收入合理消费才是硬道理。我不反对年轻人讲时尚，但是坚决反对"月光族"。

（三）

"月光族"薪水节流六大绝招儿

对于青年朋友而言，在理财上容易有的通病莫过于大手大脚的消费习惯。他们的薪水往往是一发就花光，月月无剩余。这样看似"潇洒"的消费习惯既不利于个人事业的发展，也不利于今后家庭生活的美满。因此，养成良好的消费习惯是十分必要的。

1. 计划经济

对每月的薪水应该好好计划，哪些地方需要支出，哪些地方需要节省，每月把工资的三分之一或四分之一固定纳入个人储蓄计划,最好办理零存整取。

2. 尝试投资

在消费的同时,也要形成良好的投资意识,因为投资才是增值的最佳途径。不妨根据个人的特点和具体情况做出相应的投资计划,如股票、基金、收藏等。

3. 择友而交

你的交际圈在很大程度上影响着你的消费习惯。多交些平时不乱花钱、有良好消费习惯的朋友,不要只交那些以胡乱消费为时尚、以追逐名牌为面子的朋友。

4. 自我克制

年轻人大都喜欢逛街购物,往往一逛上街便很难控制住自己的消费欲望。因此,在逛街前要先想好主要购买什么,现金不要多带,也不要随意刷卡消费。

5. 提高购物艺术

购物时,要学会讨价还价,货比三家,尽量做到以最低的价格买到所需物品。

6. 不贪玩乐

年轻的朋友大都爱玩乐,爱交际,适当的玩乐和交际是必要的,但一定要有度,工作之余不要在麻将桌上、电影院中、歌舞厅里虚度时光。

二、生词及短语

1. 攒	(动)	zǎn		17. 薪水	(名)	xīnshui
2. 省	(动)	shěng		18. 殷切	(形)	yīnqiè
3. 超前	(形)	chāoqián		19. 企盼	(动)	qǐpàn
4. 大手大脚		dà shǒu dà jiǎo		20. 离谱儿	(形)	lípǔr
5. 潇洒	(形)	xiāosǎ		21. 危害	(动)	wēihài
6. 慰劳	(动)	wèiláo		22. 绝招儿	(名)	juézhāor
7. 自得其乐		zì dé qí lè		23. 莫过于		mò guò yú
8. 推崇	(动)	tuīchóng		24. 储蓄	(动)	chǔxù
9. 繁荣	(形)	fánróng		25. 投资		tóu zī
10. 流通	(动)	liútōng		26. 不妨	(副)	bùfáng
11. 勇于	(动)	yǒngyú		27. 追逐	(动)	zhuīzhú
12. 趋势	(名)	qūshì		28. 克制	(动)	kèzhì
13. 摩登	(形)	módēng		29. 讨价还价		tǎo jià huán jià
14. 负债累累		fù zhài lěilěi		30. 货比三家		huò bǐ sān jiā
15. 挥金如土		huī jīn rú tǔ		31. 虚度	(动)	xūdù
16. 身无分文		shēn wú fēnwén				

 三、练习

（一）用正确的语调读出下列句子，注意画线部分：

1. 那条啊,太老气了,您瞧这条,多时髦啊。

2. 你每个月就那么一点儿工资,老赶时髦你赶得起吗?

3. "月光族"怎么了? 那才叫时髦呢。

4. 要是人人都这样,那日子还怎么过?

5. 花钱要是没有个计划性,那以后还不得喝西北风啊。

6. 要是大家的想法都和您一样,这社会还怎么进步啊?

7. 什么年代也不能像你这样大手大脚啊!

8. 大手大脚怎么了? 这叫潇洒。

9. 我和你的想法就不一样,大手大脚是坏习惯,还时尚、青春呢?

10. 那又怎么了? 那才是对一个人心理素质的考验呢。

（二）解释下列句子中的画线部分：

1. 你们过日子要有计划性,不能总是大手大脚的。

2. 买这么新潮的衣服,你可真有超前意识。

3. 他花钱总是大手大脚的,所以现在负债累累。

4. 他就想做一个挥金如土的富人。

5. 你这是怎么弄的? 怎么会身无分文了呢?

（三）用"……怎么了"完成对话：

1. A：你别去求他了,人家可是大明星,架子大。

   B：＿＿＿＿＿＿＿＿＿＿＿＿?

2. A：听说他脾气不好,你还是忍了吧。

   B：＿＿＿＿＿＿＿＿＿＿＿＿?

3. A：花钱大手大脚不是个好习惯。

   B：＿＿＿＿＿＿＿＿＿＿＿＿?

4. A：你可不许当"月光族"啊。

   B：＿＿＿＿＿＿＿＿＿＿＿＿?

5. A：你打扮得这么时髦干吗?

   B：＿＿＿＿＿＿＿＿＿＿＿＿?

6. A：这件事虽然是经理错了,可他毕竟是经理呀,你就别再没完没了了。

   B：＿＿＿＿＿＿＿＿＿＿＿＿?

(四) 成段表达:

"月光族"要不得。

参考词语:

攒	省	超前	意识
大手大脚	潇洒	离谱儿	时髦
潇洒	推崇	勇于	尝试

表达思路:阐明观点,反驳对方。

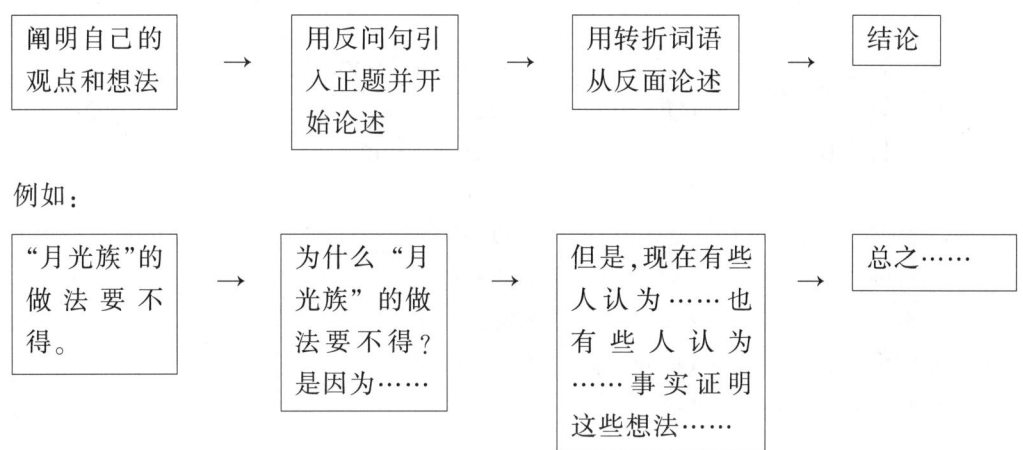

| 阐明自己的观点和想法 | → | 用反问句引入正题并开始论述 | → | 用转折词语从反面论述 | → | 结论 |

例如:

| "月光族"的做法要不得。 | → | 为什么"月光族"的做法要不得?是因为…… | → | 但是,现在有些人认为……也有些人认为……事实证明这些想法…… | → | 总之…… |

(五) 分组讨论:

1. 你赞同"月光族"的做法吗?为什么?
2. 你觉得你的父母会赞同"月光族"的做法吗?为什么?
3. 要想赶时髦就得大手大脚,这个观点对不对?为什么?

(六) 实践活动:

根据课文(一),模拟场景并表演。

(七) 听力理解:

"月光族"

在消费观念与国际接轨的呼声中,部分国人争先恐后地抛弃了"精打细算"的古训,大踏步走进"举债消费"的行列。刚刚走出校门的年轻人,更成为"负债消费一族"的主力军,人们送给这个群体一个较为形象的绰号,叫做"月光族"。

所谓"月光族",就是指他们在旺盛的消费欲望和繁重的还债压力双重挤压之下,月收入往往被折腾得精光。"月光族"刚刚踏入社会,便置身于超前消费、高档消费的行列,敢于"花明天的钱、花他人的钱",来享受今天潇洒而奢侈的生活。因为受消费欲望的驱使,他们不但花钱花得两手空空,甚至还负债累累。由于花钱的随意性,"月光族"往往在前半个月潇洒大方,后半个月却捉襟见肘。这样看似"潇洒"的花钱习惯,既不利于个人事业的发展,也不利于今后家庭生活的美满。因此,养成良好的花钱习惯是十分必要的。

在公司做行政工作的黄先生,今年25岁,大学毕业已经三年,月薪4000元。由于他是单身,没有任何家庭负担,因此每个月工资都花得精光,成了"月光族"。他一直觉得这样的生活很潇洒,可是当他开始盘算买房的时候才发现,自己工作后几乎没有任何积蓄,连首付款都付不了。

黄先生目前月收入为4000元,每月房租1200元,假设交通费300元、生活费及其他开销1000元,那么,共计应该支出2500元。可是他每个月连剩余的1500元也全都花掉,这说明黄先生的日常花销比较大,应当进行合理地调整和控制,尽量压缩不必要的开支。

补充词语:

1. 接轨		jiē guǐ
2. 争先恐后		zhēng xiān kǒng hòu
3. 抛弃	(动)	pāoqì
4. 精打细算		jīng dǎ xì suàn
5. 形象	(形)	xíngxiàng
6. 绰号	(名)	chuòhào
7. 折腾	(动)	zhēteng
8. 精光	(形)	jīngguāng
9. 奢侈	(形)	shēchǐ
10. 驱使	(动)	qūshǐ
11. 捉襟见肘		zhuō jīn jiàn zhǒu
12. 盘算	(动)	pánsuan
13. 积蓄	(名)	jīxù
14. 压缩	(动)	yāsuō

听后说:

1. 为什么说"月光族"是较为形象的绰号?
2. "月光族"一般都有什么样的花钱习惯?
3. 说说在公司做行政工作的黄先生的情况。
4. 你觉得黄先生应该怎样压缩不必要的开支?
5. 本文作者的主要观点是什么?你赞同吗?为什么?

（八）看图说话:

《"乐购"一族》

第十三课　漫话电脑

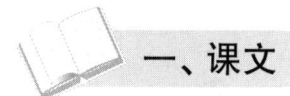 一、课文

（一）

古　丽：你的眼睛怎么那么红啊？

王小明：别提了，昨天用电脑的时间太长了，连着好几个小时一直在工作，几乎都没有休息。

王振生：说起电脑，我可真是离不开。现在，我几乎所有的工作都要用电脑完成，所有的休息时间都花在电脑上了。

刘　聪：是啊，我也有同感。我觉得电脑再方便不过了，既可以看电影，又可以看新闻，还可以玩儿游戏。电脑的优点真是太多了。

古　丽：话不能这么说，电脑的优点是很多，可是电脑的缺点也不少呀。

王小明：对呀，你看我的眼睛，现在还疼呢。

王振生：但是，不管怎么说，电脑可以提高人们的工作效率。

刘　聪：没错儿，电脑还可以帮助人们思考呢。

古　丽：电脑确实能帮助人思考，但是它不能代替人思考，真正聪明的、有智慧的还是我们人类。

王小明：对呀，就好比弹琴的人指法再娴熟、技术再高超，如果他缺乏对艺术的理解，也只是个弹琴的，而成不了艺术家。

王振生：但是你们说，电脑是不是一项伟大的发明？

刘　聪：还有，电脑是不是拥有超过人脑的运算速度和几乎无所不包的功能？

古　丽：电脑是一种先进工具，但是充其量仅仅只是工具。

王小明：尽管电脑拥有超过人脑的运算速度和几乎无所不包的功能，但这毕竟只是一种辅助能力，是实现某种目的的手段而已。

王振生：话不能这么说，电脑的伟大是世人有目共睹的。

刘　聪：就是，用电脑传递信息再快不过了。不管世界上发生了什么事情，只要看看网上的新闻马上就知道了。

古　丽：你们有没有听说过电脑病？是说用电脑的时间长了，人会得各种疾病。

王小明：还有，电脑也会浪费我们不少宝贵的时间。

王振生：你们说的这些都不足挂齿。电脑可以上网，我们可以通过网络了解很多的事情。

刘　聪：电脑还能增长见识，我认为电脑大有用处。

（二）

古　丽：我们的生活离不开电脑，电脑的好处太多了。

李小红：话不能这么说，电脑充其量只是一个工具。

张　华：常用电脑的人就不愿意看书了，读写能力也退化了。可见，电脑的缺点也是很明显的。

古　丽：不过电脑能促进各种文化和信息的交流，使各民族之间相互了解、相互学习，这对国家的发展是很有好处的。

李小红：可是电脑也使家人变得越来越陌生了。

张　华：是啊，本来一家人可以常常在一起聊聊天儿、说说话，可现在一回家就各自坐在电脑前，连交流感情的时间也没有了。

古　丽：话不能这么说，这不是电脑的问题，而是使用电脑的人该如何合理安排生活的问题。应该说，家人在家交流的时间还是有的，只是可能比过去少一些罢了。

（三）

网络语言

网络语言是指人们在网络交流中使用的语言。随着计算机及网络技术的日益普及，网络语言开始融入到现代汉语中，成为普通话的有机组成部分。网络语言在文字、词汇、语法乃至修辞方面都形成了既不同于口语，也不同于书面语的特点。例如：

1. 符号化、数字化。如：:—D(表示非常高兴地张嘴大笑)、:C(表示生气)、@:—)(表示一头卷发)、o—o(表示戴眼镜)等。数字型网络语言以简洁的数字来表示发言者的思想感情。如:555(呜呜呜，表示哭)、9494(就是就是)、526886(我饿了拜拜了)等。

2. 广泛运用缩略语。网友们为了加快交流速度，往往把一些常用的、较为固定的语言单位，取其汉语拼音的首个字母合成缩略代码，如:GG(哥哥)、JJ(姐姐)、MM(美眉，即漂亮妹妹)、GXGX(恭喜恭喜)等。

3. 通俗简明化。网友们为了节约时间或求新求异，常常在交流时创造一些通俗而言简意赅的新词语,如:把 E-mail 叫做"伊妹儿",把丑女称为"恐龙",把酷爱网络者称为"网虫",把初涉网络者称为"爬虫",把网络高手称为"大虫",把男性网民称为"网蜂",把女性网民称为"网蝶",等等。

4.多词等义化。由于地域不同、翻译方式不同或者语言使用习惯不同,网络语言中出现了很多一词多义、多个词语表达相同含义的现象,如:Internet 又叫"因特网"、"国际互联网"、"全球互联网"、"互联网"、"国际计算机互联网"、"国际电脑网络"、"万维网"、"交互网"等多种说法。

(作者:黎昌友)

二、生词及短语

1. 几乎	(副)	jīhū	16. 有目共睹		yǒu mù gòng dǔ
2. 同感	(名)	tónggǎn	17. 传递	(动)	chuándì
3. 游戏	(名)	yóuxì	18. 浪费	(动)	làngfèi
4. 优点	(名)	yōudiǎn	19. 宝贵	(形)	bǎoguì
5. 缺点	(名)	quēdiǎn	20. 不足挂齿		bù zú guàchǐ
6. 人类	(名)	rénlèi	21. 大有用处		dà yǒu yòngchu
7. 弹琴		tán qín	22. 退化	(动)	tuìhuà
8. 指法	(名)	zhǐfǎ	23. 明显	(形)	míngxiǎn
9. 娴熟	(形)	xiánshú	24. 陌生	(形)	mòshēng
10. 技术	(名)	jìshù	25. 普及	(动)	pǔjí
11. 高超	(形)	gāochāo	26. 融入	(动)	róngrù
12. 艺术家	(名)	yìshùjiā	27. 符号	(名)	fúhào
13. 充其量	(副)	chōngqíliàng	28. 缩略语		suōlüèyǔ
14. 仅仅	(副)	jǐnjǐn	29. 言简意赅		yán jiǎn yì gāi
15. 辅助	(形)	fǔzhù	30. 地域	(名)	dìyù

三、练习

(一) 用正确的语调读出下列句子,注意画线部分:

1. 昨天用电脑的时间太长了,连着好几个小时一直在工作,几乎都没有休息。

2. 尽管电脑拥有超过人脑的运算速度和几乎无所不包的功能,但这毕竟只是一种辅助能力。

3. 我觉得电脑再方便不过了。

4. 用电脑传递信息再快不过了。

5. A：我们的生活离不开电脑，电脑的好处太多了。

  B：话不能这么说，电脑充其量只是一个工具。

6. A：是啊，本来一家人可以常常在一起聊聊天儿、说说话，可现在一回家就各自坐在电脑前，连交流感情的时间也没有了。

  B：话不能这么说……家人在家交流的时间还是有的，只是可能比过去少一些罢了。

（二）选择适当词语完成句子：

陌生　促进　宝贵　同感　浪费　缺乏

1. 他们不是_____能力，而是没有遇到好机会。

2. 你说得很有道理，我也有_____。

3. 经过一天的交谈，我们已经成了好朋友，不再_____了。

4. 希望大家共同努力，一起_____公司的发展。

5. 对我来说，这是一次_____的实践经历。

6. 抓紧干，大家不要再_____时间了。

（三）用"话不能这么说"完成对话：

1. A：现在的孩子太不听话了。

  B：话不能这么说，_____。

2. A：那个孩子什么都比别人好。

  B：话不能这么说，_____。

3. A：我觉得会享受生活就是幸福。

  B：话不能这么说，_____。

4. A：我不会用电脑，还不是照常生活？

  B：话不能这么说，_____。

5. A：我们经理可以说是个完美的人。

  B：话不能这么说，_____。

6. A：那些先进人物都忙得顾不上家。

  B：话不能这么说，_____。

（四）成段表达：

该不该规范网络语言？

参考词语：

充其量	仅仅	辅助	有目共睹
传递	浪费	宝贵	不足挂齿
大有用处	退化	明显	陌生

表达思路：用设问的方式论述或说明。

提出问题　→　回答问题　→　具体论述说明　→　概括自己的观点

例如：

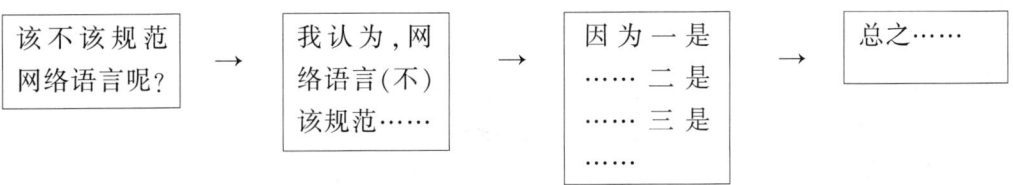

| 该不该规范网络语言呢？ | → | 我认为，网络语言(不)该规范…… | → | 因为一是……二是……三是…… | → | 总之…… |

(五) 分组讨论：

1. 以"电脑的利弊"为题，小组辩论。

正方：电脑给人带来了很多便利，利大于弊。

反方：电脑给人带来了不少危害，弊大于利。

2. 我们应该怎样对待网络语言？小组讨论。

(六) 主题发言：

如果一个月内你不能使用电脑，你会怎样？结合课文谈谈自己的观点。

(七) 听力理解：

我是知网迷

我是一名物理教师，在教学过程中，要经常查阅一些参考资料。可是由于学校图书馆资料有限，查阅资料时，一般都得不到满意的答案，而且查询速度也极其缓慢。一个偶然的机会，我知道了中国知网，上去一试用，哇！真是又快又好！太棒了！

在物理教学过程中，我发现学生们对有些物理现象很难理解。我突发奇想，何不利用网络上的知识进行教学？我利用上网查到的资料，结合具体教学实践，动手制作了一些小模型，进行形象地教学。看着学生们学会后的高兴劲儿，我也开心极了。后来，我又想：何不把我的这些做法写成小文章与大家交流呢？可我不知道是不是已经有人捷足先登了。于是，我到中国知网物理学科一查，没有，我这可是第一份呀！这下子我可来劲儿了。我先在网络上查找资料，又在网络上和网友交流，别提有多高兴了。

2002年6月，我与其他三位教师成立了科研组，申报了一项省级科研课题。由于这是第一次接触这方面的工作，我们用了很长时间，也没有找到多少相关资料。后来又是靠中国知网的数据库，我们一下子找出来很多资料，工作效率大大提高，现在我们的科研课题已经取得了初步的成果，我们由衷地感谢中国知网。

学校为了丰富学生们的业余文化生活，决定举行一次冬季拔河比赛。作为一名物理教师兼班主任，为了使我们班获得本次比赛的胜利，我又上网逛了一圈儿，很快找到了一些文章，了解了拔河的一些要领。我把这些取来的"真经"向学生们传授了一番，大家个个摩拳擦掌，跃跃欲试。虽然最终还是输了比赛，但是大家却学到了很多力学知识。

时间一长，学生们在学习中遇到了问题，也开始向我求助，请我上网给他们瞧瞧。现在，无论我遇到什么问题，总要到中国知网去寻找答案，我发现我已经离不开中国知网了，我成了知网迷。

（作者：苏学军）

补充词语：

1. 查阅	（动）	cháyuè
2. 偶然	（形）	ǒurán
3. 网络	（名）	wǎngluò
4. 捷足先登		jié zú xiān dēng
5. 接触	（动）	jiēchù
6. 拔河		bá hé
7. 要领	（名）	yàolǐng
8. 传授	（动）	chuánshòu
9. 摩拳擦掌		mó quán cā zhǎng
10. 跃跃欲试		yuèyuè yù shì
11. 寻找	（动）	xúnzhǎo

听后说：

1. "我"是在什么情况下知道中国知网的？感觉怎么样？
2. "我"利用网络做什么？
3. "我们"为什么要由衷地感谢中国知网？
4. "我"是怎么准备拔河比赛的？
5. "我"为什么成了知网迷？

（八）看图说话：

《网迷》

第十四课 人气美食

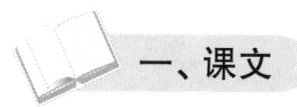

一、课文

（一）

刘淑芝：咱们国家幅员辽阔，人口众多，饮食也很有特色，世界闻名。

李凤玲：是呀，中国菜特别讲究色、香、味俱全。

刘淑芝：你具体说说看。

李凤玲：色，就是颜色，什么红的、绿的、黄的、白的，可好看了；香，就是香味，鼻子一闻，香得不得了；味，就是味道，什么甜的、辣的、酸的、咸的，非常好吃。

刘淑芝：说得有道理，中国菜就是这样，用眼睛一看、鼻子一闻、嘴巴一尝，就会产生吃的欲望。

李凤玲：除了这些特点以外，中国菜还有一个特点，那就是它的品种和花样非常多。

刘淑芝：是呀，中国有八大菜系：川菜、鲁菜、粤菜、湘菜、浙菜、闽菜、徽菜、苏菜。

李凤玲：每个菜系又分为很多的种类。

刘淑芝：好吃的菜多得不得了。

李凤玲：中国菜的做法也有很多种，什么炒的、烧的、煎的、蒸的、烤的、焖的、煮的，等等。

刘淑芝：你知道吗？因为中国菜特别好吃，所以，现在世界各国都有中国饭馆儿。

李凤玲：生意一定不错吧。

刘淑芝：那当然，这些饭馆儿都办得红红火火的，特别受欢迎。

李凤玲：其实，中国的人气美食也是中国文化的一部分。

刘淑芝：对呀，那些开在国外的中国饭馆儿，也为传播中国文化做出了不小的贡献呢。

李凤玲：干脆我也学学做菜，以后到国外开个饭馆儿得了。

刘淑芝：那你可得先刻苦学哟。

(二)

马　静：你做菜的手艺怎么样？

唐少红：还可以，一次做十个八个的没问题。

马　静：是吗？不错呀。你最拿手的是什么菜？

唐少红：四川菜，因为我从小是在四川长大的。

马　静：四川菜好吃得不得了，在全国都有名气。

唐少红：是啊，四川菜菜式多样，口味清新，很有特点。

马　静：四川菜是以麻辣著称，我最喜欢吃麻婆豆腐了。

唐少红：我做的麻婆豆腐就很好吃。

马　静：除了麻婆豆腐以外，你还会做什么菜？

唐少红：我还会做水煮牛肉、宫保鸡丁、酸菜鱼什么的。

马　静：你可真是太棒了！什么时候给我们露一手啊？

唐少红：就这个星期天吧。

马　静：一想到马上就可以品尝到你的手艺了，我真高兴得不得了。

唐少红：我保证，你这次吃了以后一定会更高兴。

马　静：那可太好了。星期天我约几个人一起来，再带瓶葡萄酒，怎么样？

唐少红：好啊，欢迎光临。

(三)

新疆美食

新疆的民族风味饮食在全国独树一帜，美食品种多得不得了。今天，咱们就说说新疆的羊肉串儿和馕。

新疆的烤羊肉串儿可以说是风靡全国的一种风味小吃，受到广大群众的青睐。烤羊肉串儿，维吾尔语称之为"喀瓦甫"，是维吾尔族的一种传统小吃。它的做法是：把羊肉和羊油切成薄片儿，肥瘦搭配地穿在细铁钎上，放在长形的烤炉上烤，然后撒些辣子面、精盐和孜然粉，几分钟后即熟。羊肉串儿颜色焦黄、油亮，味道微辣，不腻不膻，鲜嫩可口。

在新疆无论走到哪里都有烤羊肉串儿。库车有一种"米特尔喀瓦甫"（一米长的羊肉串儿），这种巨型羊肉串儿，吃起来才过瘾，吃上两三串儿，就饱饱的了。

现在饭馆儿里做羊肉串儿，有了许多创新，除了传统的烤羊肉串儿之外，还有竹签儿羊肉串儿、网油羊肉串儿、油炸羊肉串儿，原料基本差不多。还有的在烤之前，把羊肉片拌上蛋清和淀粉做成的糊，这样烤出来的羊肉串儿更加鲜嫩。

　　馕是新疆各族兄弟姐妹喜爱的主要面食之一，已经有两千多年的历史。说到新疆的美食，不能不提馕。馕在新疆的地位，好比米饭在南方的地位一样。

　　馕的品种很多，常见的有肉馕、油馕、窝窝馕、芝麻馕、片馕、希尔曼馕，等等。馕含水分少，久储不坏，便于携带，适宜于新疆干燥的气候。新疆的烤馕制作精细，用料讲究，吃起来香酥可口，营养丰富。我最喜欢的是刚出炉的油馕，水分还未蒸发干，香脆可口。如果夹着羊肉串儿一起吃，再配上一杯茶，哇！那可真是好吃得不得了。

二、生词及短语

1. 幅员	（名）	fúyuán		24. 孜然	（名）	zīrán
2. 辽阔	（形）	liáokuò		25. 腻	（形）	nì
3. 美食	（名）	měishí		26. 膻	（形）	shān
4. 甜	（形）	tián		27. 鲜嫩	（形）	xiānnèn
5. 辣	（形）	là		28. 可口	（形）	kěkǒu
6. 酸	（形）	suān		29. 过瘾	（形）	guòyǐn
7. 咸	（形）	xián		30. 竹签儿	（名）	zhúqiānr
8. 欲望	（名）	yùwàng		31. 淀粉	（名）	diànfěn
9. 菜系	（名）	càixì		32. 香酥	（形）	xiāngsū
10. 炒	（动）	chǎo				
11. 烧	（动）	shāo		**专　名**		
12. 煎	（动）	jiān		1. 川菜		Chuāncài
13. 煮	（动）	zhǔ		2. 鲁菜		Lǔcài
14. 红火	（形）	hónghuo		3. 粤菜		Yuècài
15. 传播	（动）	chuánbō		4. 湘菜		Xiāngcài
16. 贡献	（名）	gòngxiàn		5. 浙菜		Zhècài
17. 手艺	（名）	shǒuyì		6. 闽菜		Mǐncài
18. 著称	（动）	zhùchēng		7. 徽菜		Huīcài
19. 露一手		lòu yì shǒu		8. 苏菜		Sūcài
20. 独树一帜		dú shù yí zhì		9. 麻婆豆腐		Mápó Dòufu
21. 馕	（名）	náng		10. 水煮牛肉		Shuǐzhǔ Niúròu
22. 风靡	（动）	fēngmǐ		11. 宫保鸡丁		Gōngbǎo Jīdīng
23. 青睐	（动）	qīnglài		12. 酸菜鱼		Suāncàiyú

三、练习

（一）用正确的语调读出下列句子，注意画线部分：

1. 咱们国家幅员辽阔，人口众多，饮食也很有特色，<u>世界闻名</u>。

2. 色，就是颜色，<u>什么红的、绿的、黄的、白的</u>，可好看了。

3. 香，就是香味，鼻子一闻，<u>香得不得了</u>。

4. 好吃的菜<u>多得不得了</u>。

5. 一想到马上就可以品尝到你的手艺了，我真<u>高兴得不得了</u>。

6. 味，就是味道，<u>什么甜的、辣的、酸的、咸的</u>，非常好吃。

7. 中国菜的做法也有很多种，<u>什么炒的、烧的、煎的、蒸的、烤的、焖的、煮的</u>，等等。

8. 中国菜就是这样，用<u>眼睛一看、鼻子一闻、嘴巴一尝</u>，就会产生吃的欲望。

9. <u>除了这些特点以外</u>，中国菜还有一个特点，那就是它的品种和花样非常多。

10. 我还会做水煮牛肉、宫保鸡丁、酸菜鱼<u>什么的</u>。

（二）选择适当词语完成句子：

    幅员辽阔　甜　讲究　手艺　种类　干脆

1. 中国是一个_____、人口众多的国家。

2. 中国菜_____色、香、味俱全。

3. 这种苹果可_____了，你多吃几个吧。

4. 中国菜的_____可真多啊，有八大菜系呢。

5. 这道菜这么好吃，_____我也学学吧。

6. 你做菜的_____还真不错！

（三）用"除了……还……"完成对话：

1. A：你喜欢读什么书？

    B：_____。

2. A：每天晚上你都做些什么？

    B：_____。

3. A：你现在在学什么？

    B：_____。

4. A：你会做什么菜？

    B：_____。

5. A：你都去哪儿旅行过？

    B：_____。

6. A：只有他是你的朋友吗？

    B：_____。

（四）成段表达：

说说新疆的美食。

参考词语：

幅员辽阔	美食	讲究	颜色
尝	品种	生意	红火
传播	贡献	手艺	名气

表达思路： 并列举例。

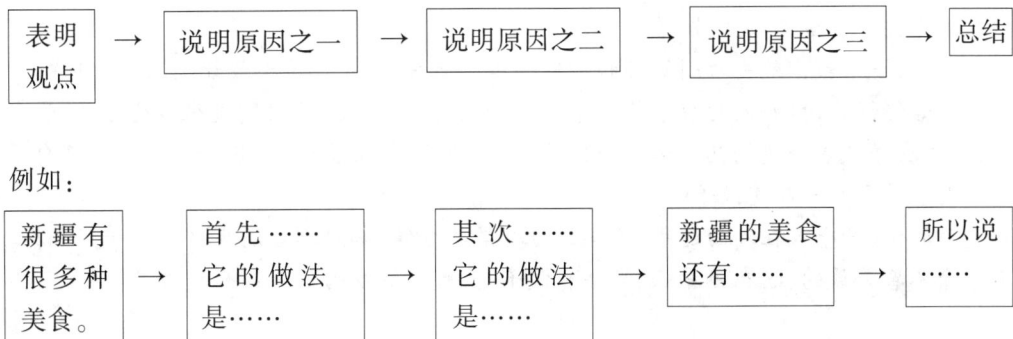

| 表明观点 | → | 说明原因之一 | → | 说明原因之二 | → | 说明原因之三 | → | 总结 |

例如：

| 新疆有很多种美食。 | → | 首先……它的做法是…… | → | 其次……它的做法是…… | → | 新疆的美食还有…… | → | 所以说…… |

（五）词语搭配练习：

产生	贡献
生意	红火
特别	好吃
露	欲望
花样	多
受	饭馆儿
做出	一手
开	欢迎

（六）分组讨论：

1. 和同学交流一下，说说你都吃过哪些美食？你觉得它们都有哪些特色？
2. 和同学交流一下你的拿手菜，介绍一下这道菜的特点和做法。
3. 如果去饭店吃饭，你会选择哪种饭店？为什么？

（七）主题发言：

1. 说一说你知道的中国美食。
2. 向大家介绍本民族的一种传统食品，并介绍它的做法。

（八）听力理解：

世上最好吃的饺子

每当我和朋友们在一起庆贺节日时，我总是对朋友说："我好想吃饺子！"一想到饺子，我的口水就会流出来。

我对饺子的钟爱开始于童年。每当春节来临之前，妈妈都会对我和其他六个兄弟姐妹说："你们一定要好好听话，要不，过年的时候不让你们吃饺子。"那时候，家里很穷，能吃上饺子是我们一整年的愿望。于是，我们都很规规矩矩地听话。除夕那天，妈妈和姐姐开始包饺子，她们一边高兴地包着，一边开心地说笑。在家我最小，所以，她们不让我参与包饺子这个"高技术"的活儿，但我总是围在她们身边，看着她们包。她们一包就是几个小时，但是，却从来不觉得累。晚饭时，妈妈会煮一些饺子，全家一起吃，但大部分饺子要留到大年初一才能吃。

初一早上，妈妈五点多钟就起来忙着煮饺子。饺子下锅以后，妈妈就把我们叫醒。怀着激动的心情，我们都从暖暖的被窝儿里跳出来，穿上头天晚上准备好的新衣服。全家人高高兴兴地坐在桌子旁边，一起吃饺子。

吃完饺子，我们就去亲朋好友和街坊邻居家拜年，这是一年中最让人难忘的时刻。

我始终认为，妈妈包的饺子是世界上最好吃的。长大之后，我到过很多地方，不管走到哪里，我都在寻找着和妈妈包的味道一样的饺子，但是，却从没找到。因为那种味道来自于一家人一起包饺子和一起吃饺子的温馨。

有时候，一个人在外面过年，给妈妈打电话的时候，妈妈都会问我："吃饺子了吗？"妈妈是一个不善言谈的人，在她看来，只要有饺子吃，我在他乡的生活就是好的。

补充词语：

1. 口水	（名）	kǒushuǐ	
2. 钟爱	（动）	zhōng'ài	
3. 来临	（动）	láilín	
4. 规矩	（形）	guīju	
5. 除夕	（名）	chúxī	
6. 参与	（动）	cānyù	
7. 锅	（名）	guō	
8. 醒	（动）	xǐng	
9. 被窝儿	（名）	bèiwōr	
10. 街坊邻居		jiēfang línjū	
11. 拜年		bài nián	
12. 始终	（副）	shǐzhōng	
13. 他乡	（名）	tāxiāng	

听后说：

1. "我"对饺子的钟爱是从什么时候开始的？
2. 小时候，"我们"一整年的愿望是什么？
3. 过年时谁包饺子？为什么"我"不能包饺子？
4. "我"为什么始终认为，妈妈包的饺子是世界上最好吃的？
5. 在妈妈看来，我怎么样做她才会认为"我"在他乡的生活是好的？

（九）看图说话：

《脱险？》

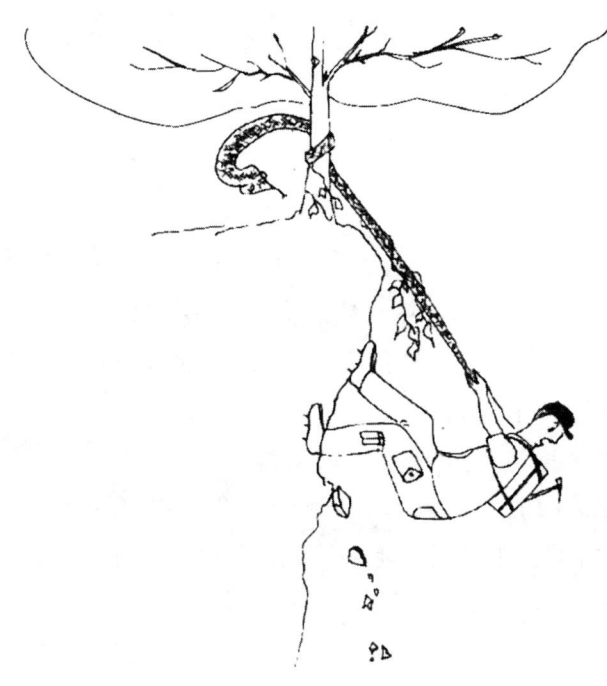

请客吃饭

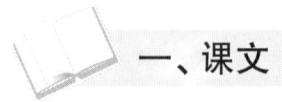 一、课文

（一）

崔美兰：咱们国家有五十六个民族，每个民族都很热情好客。

古　丽：是啊，就拿我们新疆的维吾尔族来说吧，来了客人我们一定会热情款待。

崔美兰：那你们一般用什么来款待客人呢？

古　丽：一般会用各种食品和丰盛的饭菜来招待客人。

崔美兰：如果我们去新疆人的家里做客，应该带点儿什么礼物？

古　丽：中国有句古话叫做："千里送鹅毛，礼轻情义重。"所以，送的礼物不一定很贵重，只要能表达心意就可以了。比如说，茶叶呀、糖果呀什么的都可以。

崔美兰：我听说，新疆人在婚丧嫁娶或是喜庆的节日里，都要请客。

古　丽：是啊，新疆人在喜庆的节日里都会请亲朋好友来家里热闹一下。

崔美兰：那这时候我们去做客应该准备什么礼物呢？

古　丽：由于民族不同，习俗也不一样。如果是到维吾尔族、哈萨克族、回族等同胞家中做客，一般可以带方块糖、冰糖、水果糖、茶叶、清真饼干、点心和瓜果之类的东西。

崔美兰：哦，明白了。

古　丽：新疆的各族人民都是很热情的。

崔美兰：现在，我真恨不得马上就去新疆看一看。

古　丽：好啊，只要一放假，你就跟我一起去吧。要不然，你一个人也怪孤单的。

崔美兰：那可太好了，真得谢谢你。要不然，我人生地不熟的，去了新疆可怎么办？

古　丽：你说什么呀，我们是好朋友嘛。

崔美兰：你们常吃的饭菜是什么？

古　丽：我们的饮食以面食为主，常吃的有烤包子、烤全羊、烤羊肉串儿、抓饭、拉面、炒面、馕，等等。

崔美兰：我最喜欢吃烤羊肉串儿了，真恨不得现在就能吃到。

古　丽：别急，到了新疆，保你吃个够。

（二）

全英华：非常感谢你帮了我，要不然，我还不知道什么时候才能交上这个报告呢。

关喜友：都是老同学，客气什么呀。

全英华：不是客气，真的很感谢你。

关喜友：我不过是举手之劳，你千万别在意。

全英华：为了表达我对你的谢意，我想请你吃顿饭。

关喜友：好啊，能跟老同学一起吃饭，我真是求之不得呢。

全英华：想吃什么？随便点，今天我请客。

关喜友：哪儿能让你破费呢？我们还是AA制吧。

全英华：你帮了我一个大忙，我请你吃顿饭，也是应该的嘛。

关喜友：那我怎么好意思呢？

全英华：没什么不好意思的，都是同学嘛。走，现在就去。

关喜友：好。不过，先说好了，下次我请你。

全英华：行。

（三）

请客与AA制

AA制是指当聚餐、娱乐等消费后结账时，各人均摊或各自付账的做法。AA为拉丁文缩写，含义是"各"、"各个"的意思。

中国人喜欢请客，欧美人喜欢AA制。据说这是因为中国是一个以农业为主的社会，土地局限了人口的流动，大家都住在一个城镇里，如果今天我生日请你吃饭，那么我可以预期在不久的将来你生日的时候我也有免费的饭吃。投资会有回报，所以中国人对于请客乐此不疲。而欧美是工业社会，人的流动性极大，我今天和你一起吃饭，明天你说不定就去了其他地方，所以吃饭的投入这辈子都不一定有收回的可能，太亏了。因此，欧美人喜欢AA制。

现在，中国人的同学或同事之间请客吃饭也很流行AA制，这不同于传统的请客制，反映出人际关系交往中的某种微妙变化。AA制，大家都是平起平坐，吃饭成了大家共同的活动，没有了主宾之分，少了人际交往中复杂的关系背景。现在大家都很喜欢这种交往方式，大家是平等的，愉快的，敞开心扉畅所欲言的，不用再考虑社会关系地位的差别。这种做法，让人展现了个性真实的一面，这也往往是最单纯的一面。AA制，没有高低贵贱之分，大家平等相待，充分展示自己的喜、怒、哀、乐！

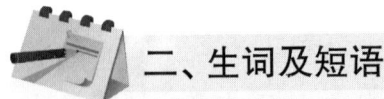

二、生词及短语

1. 款待	(动)	kuǎndài	
2. 招待	(动)	zhāodài	
3. 贵重	(形)	guìzhòng	
4. 婚丧嫁娶		hūn sāng jià qǔ	
5. 喜庆	(形)	xǐqìng	
6. 方块糖	(名)	fāngkuàitáng	
7. 冰糖	(名)	bīngtáng	
8. 清真饼干		qīngzhēn bǐnggān	
9. 瓜果	(名)	guāguǒ	
10. 恨不得	(动)	hènbude	
11. 孤单	(形)	gūdān	
12. 举手之劳		jǔ shǒu zhī láo	
13. 在意		zài yì	
14. 求之不得		qiú zhī bù dé	
15. 点	(动)	diǎn	
16. 破费	(动)	pòfèi	
17. 均摊	(动)	jūntān	

18. 付账		fù zhàng
19. 局限	(动)	júxiàn
20. 回报	(动)	huíbào
21. 乐此不疲		lè cǐ bù pí
22. 亏	(动)	kuī
23. 微妙	(形)	wēimiào
24. 平起平坐		píng qǐ píng zuò
25. 心扉	(名)	xīnfēi
26. 畅所欲言		chàng suǒ yù yán
27. 单纯	(形)	dānchún
28. 充分	(形)	chōngfèn
29. 展示	(动)	zhǎnshì

专 名

1. 哈萨克族	Hāsàkèzú
2. 回族	Huízú

三、练习

(一) 用正确的语调读出下列句子，注意画线部分：

1. 现在，我真恨不得马上就去新疆看一看。
2. 我最喜欢吃烤羊肉串儿了，真恨不得现在就能吃到。
3. 好啊，只要一放假，你就跟我一起去吧。要不然，你一个人也怪孤单的。
4. 那可太好了，真得谢谢你。要不然，我人生地不熟的，去了新疆可怎么办？
5. 非常感谢你帮了我，要不然，我还不知道什么时候才能交上这个报告呢。
6. 你说什么呀，我们是好朋友嘛。
7. 我不过是举手之劳，你千万别在意。
8. 你帮了我一个大忙，我请你吃顿饭，也是应该的嘛。
9. 没什么不好意思的，都是同学嘛。走，现在就去。

(二) 解释下列句子中的画线部分：

1. 真是不好意思，又让您破费了。

2. 你能来我家里做客,我_求之不得_呢。

3. 你别客气,这不过是_举手之劳_的小事。

4. 谢谢您对我们的热情_款待_。

5. 请你别_在意_,我不是故意的。

6. 每年春节,亲朋好友_欢聚一堂_,特别热闹。

(三) 用"要不然"完成句子:

1. 饭后应该散步,要不然,_____。

2. 孩子得好好吃饭,要不然,_____。

3. 累了就应该休息,要不然,_____。

4. 病了就要吃药,要不然,_____。

5. 我们应该好好学习,要不然,_____。

6. 再忙也得锻炼身体,要不然,_____。

(四) 成段表达:

请客还是 AA 制?

参考词语:	恨不得	要不然	一般	招待
	孤单	心意	贵重	表达
	在意	破费		

表达思路:用选择问句开篇,进一步论述、概括。

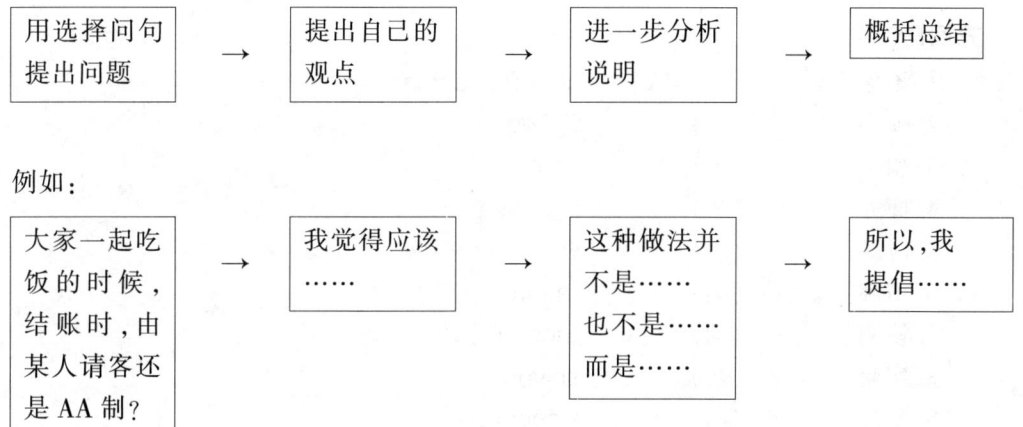

例如:

| 大家一起吃饭的时候,结账时,由某人请客还是 AA 制? | → | 我觉得应该…… | → | 这种做法并不是……也不是……而是…… | → | 所以,我提倡…… |

(五) 分组讨论:

1. 你认为朋友之间应当怎样表达谢意?

2. 你常常请朋友吃饭吗? 你赞不赞成 AA 制? 为什么?

3. 你怎样看待请客吃饭的问题?

(六) 主题发言:

以"怎样请客好"为题准备主题发言,提出自己的观点,并说明理由。

(七) 听力理解:

请客吃饭背后的心理学

吃喝玩乐谈业务,是不是不务正业?

你去谈业务,对方会给你提供一杯咖啡,到了午餐时间,还可能会选择一家餐厅请你吃饭。很多人都以为这些做法仅仅是出于礼貌,还有很多人对商务应酬不理解,觉得这是"吃吃喝喝,不干正事",认为公务和应酬仿佛没有联系。

心理学家通过调查发现,很多在应酬中进行的谈判,成功率很高。美味本来和思考没有联系,但是,实验表明,一边享受美食、一边进行思考的人往往容易受到他人的影响。人们在用餐的时候,更愿意倾听他人的意见,并且容易被说服。

现在,这个心理特点被商家广泛利用。比如,超市里有的推销员请顾客免费品尝食品,顾客一边品尝,他们一边推销,很多顾客在品尝后就会买下他们的食品。还有,当你参加车展、商品交易会、美术展览时,一些服务机构不仅给你提供良好的解说服务,而且还免费提供咖啡、橙汁、甜点等美味食品。这不仅体现了他们良好的服务水平,更重要的是,这些服务能够影响你的心理,促使你签下采购合同或者协议,有效地提高成交量。

如果你有请求和希望,那么最理想的就是让对方处于完全放松的心理状态中,倾听你的意见并接受你的要求。心理学认为,在共同进餐中,对方更容易接受你的要求。饮食对人际交往有着积极的影响作用,所以,应酬不是简单的吃喝享乐,而是商务交流中必需的方式。

(作者:黄颖)

补充词语:

1. 不务正业		bú wù zhèngyè
2. 提供	(动)	tígōng
3. 咖啡	(名)	kāfēi
4. 商务	(名)	shāngwù
5. 应酬	(名)	yìngchou
6. 仿佛	(副)	fǎngfú
7. 谈判	(动)	tánpàn
8. 实验	(名)	shíyàn
9. 享受	(动)	xiǎngshòu
10. 倾听	(动)	qīngtīng
11. 促使	(动)	cùshǐ
12. 有效	(动)	yǒuxiào
13. 成交量		chéngjiāoliàng

听后说:

1. 公务和应酬有没有联系?

2. 心理学家通过调查发现了什么?

3. 现在,商家广泛利用了人们的什么心理特点?

4. 如果你有请求和希望,那么最理想的办法是什么?

5. 你认为吃喝玩乐谈业务,是不是不务正业?

(八) 看图说话:

《自得其乐》

海外留学

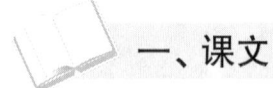 一、课文

（一）

高爱子：你们快来看，这里有一则海外留学的广告。

许莲英：我看看，是去美国留学的呀。

吕庆德：这有什么好看的，难道你想去留学不成？

高爱子：是呀，我很想亲眼看看美国的白宫，亲耳听听美式英语，亲口尝尝美国菜。

许莲英：你看你，还越说越高兴了。

吕庆德：要我说呀，她是越说越离谱儿了。

高爱子：怎么离谱儿了？能去海外留学，这是多好的一件事啊！

许莲英：是呀，去海外留学，可以亲身体验一下国外的生活环境，特别是对提高英语水平也大有好处。

吕庆德：我不这么认为，我觉得还是在国内扎扎实实地学习比较好。

高爱子：可是去海外留学可以开阔视野。

许莲英：还可以扩大知识面呢。

吕庆德：在国内学习也能开阔视野、扩大知识面呀。就说咱们中国，从古到今，有多少著名的人士，他们不都是在国内学成的吗？

高爱子：你说得不错，中国文化的确是博大精深。不过，去国外学习一下总没有什么坏处。

许莲英：特别是还可以锻炼自己的适应能力呢。

吕庆德：我和你们的观点不一样，我觉得还是应该先在国内学习，等确定了专业方向，再决定是不是出国学习。

高爱子：那还不把自己等老了？年轻人就应该趁着年轻，早点儿出去看看，然后再决定专业方向。

许莲英：你们俩都别争了，要我说呀，你们这是公说公有理，婆说婆有理。

吕庆德：不管怎么说，出国留学是件大事，应该想好了再去做。在没有想好的时候，就应该先在国内把基础知识学扎实。

（二）

叔　　叔：这一大早的，你一个人在这儿干什么呢？

翟丽娟：背英语单词呢。

叔　　叔：你可真刻苦！怎么？以后想出国留学吗？

翟丽娟：出国留学还不敢想，不过，先学好英语，总没有错儿。

叔　　叔：对，人们常说："机会总是留给有准备的人。"

翟丽娟：所以啊，我现在从早到晚抓紧一切时间学习英语。

叔　　叔：我觉得，最近你的英语越说越好了。

翟丽娟：哪儿呀，还差得远呢。特别是我的词汇量还是太少。

叔　　叔：别着急，总不能一口吃成个胖子吧。

翟丽娟：从开学到现在，我已经下了不少工夫了，怎么总不见效呢？

叔　　叔：我觉得你可以去参加一些英语角活动，和别人说说英语，比一个人背单
　　　　　词强多了。

翟丽娟：有道理。以后你们学校有什么英语活动，别忘了叫我一声。

叔　　叔：没问题。你还没吃早饭吧？

翟丽娟：是呀。

叔　　叔：走，到我家我亲手给你做顿早饭让你尝尝。

翟丽娟：那可太谢谢叔叔了。

（三）

辞职留学为充电

　　大学毕业后，我在银行工作了三年，在那段日子里，我发现这个行业的竞争很激烈，于是就有了给自己充电的想法。我选择了去英国攻读银行与金融专业硕士学位。

　　英国的硕士学制只有一年，所以，这里的学生功课任务很重，尤其是像我这种母语非英语的学生。最初的日子里，光是应付每天的作业就让我发蒙。按照学习进度，我每天要读好几章节的内容，而我根本完不成，当时捧着书我就哭了。不过，好在苏格兰的学习环境很好，放学以后，除了酒吧，没有别的休闲娱乐场所可去，而我又不喜欢去酒吧，所以，就把时间都花在了学习上。

　　下半年我开始打工，因为在英国读书的中国人太多了，要找工作并不那么容易。有一回，我花了一个多月时间找到一份餐馆儿的工作。开餐馆儿的是一对香港夫妇。那个男的面试我们之后，就通知我可以上班了。但是，等到去上班的那

天,老板娘却对我百般刁难。她问我为什么没有穿制服,还要我自己去买制服,否则就不要来上班了……最后连我在内的三名应聘者都转身离去,拒绝了那份工作。

现在我在上海,十天前刚接到了上海银行的录取通知。接到通知时我高兴极了,和一个朋友相约一起去新天地吃晚饭庆祝。想想看,就算我大学毕业第一次找到工作也没有这么高兴过。这份工作是我花了一个多月才找到的。这期间有等待,也有坎坷,但我对自己的教育背景和工作背景很自信,并不愿意随便找一份工作,所以一直都在坚持着,执著地要找一份自己喜欢的工作。现在终于如愿以偿了。

我觉得这一年的海外学习经历对自己特别有价值。

 **二、生词及短语**

1. 难道	(副)	nándào		18. 应付	(动)	yìngfù
2. 亲眼	(副)	qīnyǎn		19. 发蒙	(动)	fāmēng
3. 亲耳	(副)	qīn'ěr		20. 捧	(动)	pěng
4. 亲口	(副)	qīnkǒu		21. 休闲	(动)	xiūxián
5. 亲身	(副)	qīnshēn		22. 娱乐	(动)	yúlè
6. 体验	(动)	tǐyàn		23. 酒吧	(名)	jiǔbā
7. 提高		tí gāo		24. 刁难	(动)	diāonàn
8. 扎实	(形)	zhāshi		25. 制服	(名)	zhìfú
9. 扩大	(动)	kuòdà		26. 否则	(连)	fǒuzé
10. 博大精深		bódà jīngshēn		27. 坎坷	(形)	kǎnkě
11. 争	(动)	zhēng		28. 如愿以偿		rú yuàn yǐ cháng
12. 背	(动)	bèi				
13. 一切	(代)	yíqiè		**专 名**		
14. 词汇量		cíhuìliàng		1. 白宫		Bái Gōng
15. 一口吃成个胖子				2. 苏格兰		Sūgélán
		yì kǒu chīchéng ge pàngzi		3. 香港		Xiānggǎng
16. 见效	(动)	jiànxiào		4. 上海银行		Shànghǎi Yínháng
17. 亲手	(副)	qīnshǒu		5. 新天地		Xīntiāndì

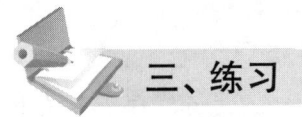 三、练习

(一) 用正确的语调读出下列句子,注意画线部分:

1. 我很想<u>亲眼</u>看看美国的白宫,<u>亲耳</u>听听美式英语,<u>亲口</u>尝尝美国菜。

2. 去海外留学,可以<u>亲身</u>体验一下国外的生活环境,<u>特别是</u>对于提高英语水平也大有好处。

3. 我觉得你可以去参加一些英语角活动,和别人说说英语,<u>比一个人背单词强多了</u>。

4. 你看你,还越说越高兴了。

5. 要我说呀,她是越说越离谱儿了。

6. 你们俩都别争了,要我说呀,你们这是<u>公说公有理</u>,<u>婆说婆有理</u>。

7. 就说咱们中国,从古到今,有多少著名的人士,他们<u>不都是在国内学成的吗</u>?

8. 从开学到现在,我已经下了不少工夫了,<u>怎么总不见效呢</u>?

(二) 选择适当词语完成句子:

一口吃成个胖子　见效　亲身　一切　博大精深　提高

1. 我想不断_____自己的汉语水平。

2. 中国文化_____,这是我们中国人引以为豪的骄傲。

3. 我今天_____经历了这一考验。

4. 你别太着急了,总不能_____呀。

5. 公司的_____事情都由总经理掌握。

6. 我下了不少工夫,怎么就是不_____呢?

(三) 用"亲……"完成句子:

1. 你不要不相信我,这是我亲耳_____。

2. 我想去北京亲眼_____。

3. 我一定要亲口_____。

4. 在我小时候,每天都是妈妈亲手_____。

5. 我要亲身_____。

(四) 成段表达:

我们该不该去海外留学?

参考词语：

海外	留学	难道	体验
提高	扩大	博大精深	
公说公有理,婆说婆有理			

表达思路：对事物进行系统归纳。

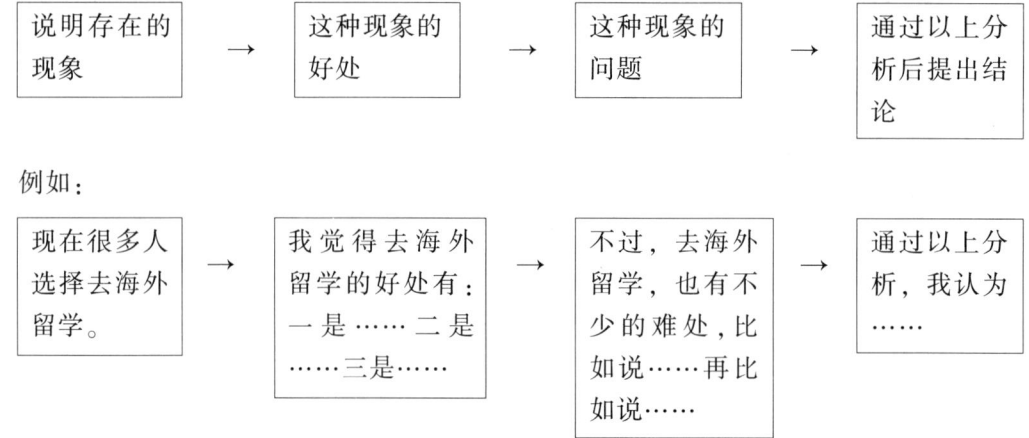

（五）**分组讨论**：

1. 如果有机会你想去海外留学吗？你准备学什么？
2. 如果你打算出国留学，现在你会怎样努力？
3. 怎样看待现在的年轻人留学热现象？

（六）**实践活动**：

根据课文（一），模拟场景并表演。

（七）**听力理解**：

海外留学的"第一课"：合理计划生活

许多刚出国的留学生都不会合理地计划生活，大概是因为他们在国内时习惯了父母的呵护，从来不需要为开支这类问题操心。出国以后，呵护没有了，各种各样的生活琐事一起涌来，做饭、买菜、洗衣、打扫房间、采购生活必需品，等等。在这些琐事的围攻下，有些留学生常常会不知所措，再加上还要面对学习和考试，他们的生活就变得异常艰难。因此，合理地计划生活对留学生特别重要。

我刚出国的时候，也遇到了不少麻烦。其中最大的麻烦就是不会合理地安排开支。常常是上半个月有钱花，下半个月只能靠借钱过日子。自己经常挨饿。慢慢地，我懂得了，在海外留学必须要有计划地生活。因此，我开始向有经验的朋友学习，学习他们生活的方法和节约的方法。

几个月过去了，我从朋友那里学到了不少，比如买菜的窍门儿。我每次买菜都拉小拖车去，看起来就像一个中年大叔。我拉着小车在菜市场里来回转，分析行情。一段时间以后，我发现，同样的蔬菜在不同店铺里的价格居然相差不少，而价格的高低与蔬菜的质量、品种并无关系。如果精打细算的话，就可以节约一笔不小的开支。

国内好友曾在短信中开玩笑说："被生活磨砺成这样了，还拉着拖车去买菜哟，哈哈。"我淡淡一笑，并不为此感到难为情，反而为自己能独立生活而骄傲。

（作者：殷格澜）

补充词语：

    1. 开支   （名）   kāizhī

    2. 琐事   （名）   suǒshì

    3. 涌   （动）   yǒng

    4. 围攻   （动）   wéigōng

    5. 不知所措   bù zhī suǒ cuò

    6. 挨   （动）   ái

    7. 节约   （动）   jiéyuē

    8. 窍门儿   （名）   qiàoménr

    9. 拖   （动）   tuō

    10. 转   （动）   zhuàn

    11. 行情   （名）   hángqíng

    12. 磨砺   （动）   mólì

听后说：

    1. 为什么很多刚出国的留学生不会合理地计划生活？

    2. 刚出国的时候，有些留学生的生活为什么会变得异常艰难？

    3. "我"是怎样学习买菜的窍门儿的？

    4. 怎样买菜可以节约开支？

    5. 听到国内好友的玩笑，"我"为什么不为此感到难为情？

（八）看图说话：

    《梦想》

第十七课　　人口问题

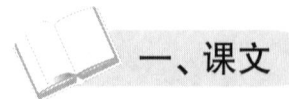 一、课文

（一）

张德琪：中国是世界上人口最多的国家。

安小英：是呀，中国人口目前大约有 13 亿。

张德琪：人口众多使中国在各方面的压力都很大。

安小英：都有哪些压力呀？

张德琪：有经济压力、就业压力、教育压力，等等。

安小英：看来，中国的计划生育政策还得坚持实行才行。

张德琪：是的，计划生育不但对国家有好处，对家庭也有好处。

安小英：就是，计划生育可以提高每个家庭的生活水平。

张德琪：中国有大约 10 亿农民，有些地方的农民生活还很贫困，说到底还是因为人口太多。

安小英：既然这样，还生那么多孩子干吗呀？

张德琪：问题是有些人还有养儿防老、多子多福的旧观念。

安小英：说到底还是受封建传统思想的影响。

张德琪：看来，解决中国的人口问题的关键还在于解决人们的思想问题。

安小英：有道理。

张德琪：我觉得，要想解决这个问题，一是要靠加强教育，二是要靠发展经济。

安小英：对，加强教育可以改变人们的传统观念，发展经济可以提高人们的生活水平。

张德琪：问题是怎么才能改变人们的传统观念？

安小英：我觉得，要发展教育，根本上还是要发展经济。经济发展了，就可以促使人们改变传统观念。

张德琪：可见，发展经济有多么重要。

安小英：说到底，人们的生活有保障了，就改变了养儿防老的旧观念，就是孩子少也没有什么问题了。

张德琪：是呀，这样一来，很多问题就都能解决了。

（二）

张春顺：听说过丁克家庭吗？

赵淑珍：听说过，就是不要孩子、只有夫妻两个人组成的家庭。

张春顺：中国的传统观念是多子多福，可是，现代人的想法完全改变了。他们不要孩子，想做丁克一族。

赵淑珍："丁克"这个概念好像是从国外传进来的，听说不少外国人就是这样生活，不想生孩子。

张春顺：他们为什么不想生孩子呢？

赵淑珍：说到底就是想生活得舒服一点儿呗。

张春顺：这倒是，有了孩子就不自由了。

赵淑珍：没有孩子，就没有什么拖累，没有什么负担。这样一来，他们想干什么就干什么，多舒服呀。

张春顺：不过，他们老了怎么办？

赵淑珍：那有什么，老了就去敬老院呗。

张春顺：可见，他们的生活还是有保障的。

赵淑珍：要我说，孩子多了当然不好，可是，不生孩子也不好。

张春顺：我也同意你的观点，什么事儿都不能走极端。

赵淑珍：不过，结婚不结婚，生不生孩子，这是每个人的权利，我们都应该尊重。

（三）

人口与资源问题

　　人口与资源问题最集中地体现在人口与粮食资源的关系上。俗话说："民以食为天。"人口的增长必然需要与之相适应增长的粮食资源。在粮食资源上，发展中国家的问题尤为突出。在 20 世纪 80 年代，发展中国家的粮食总产量的增长速度虽然高于发达国家，但是，由于人口增长过快，发展中国家人均粮食产量却低于发达国家。多年来，世界粮食资源的基本格局一直是发达国家粮食有余，发展中国家粮食紧缺。所以，全世界大约有数千万人处于饥饿之中，目前仅非洲就有1 亿多人吃不饱肚子，全球的饥民人数则更多。长期食不果腹的人数已经增至5.5 亿左右，占世界总人口的 11%，其中每天有 4 万人死于由饥饿或营养不良引发的疾病。正是由于人口增长速度超过了粮食增长的速度，发展中国家粮食短缺成为日趋严重的问题。

　　由于人口膨胀，土地资源日趋恶化，人均占有耕地日趋减少。据联合国报告，

20 世纪 70 年代人均占有耕地 0.37 公顷,到 2000 年,已下降为 0.15 公顷;20 世纪 70 年代每公顷耕地养活 2.6 人,到 2000 年则养活 6.6 人。可见,人口增长与耕地不足的矛盾越来越尖锐。由于人口过度增长,生产粮食的耕地明显不足,导致粮食危机,严重威胁着人类自身的发展。

总之,资源问题的一个重要原因就是人口膨胀。如果人口过度增长问题不能得到控制,那么资源问题造成的全球危机将提前到来。

二、生词及短语

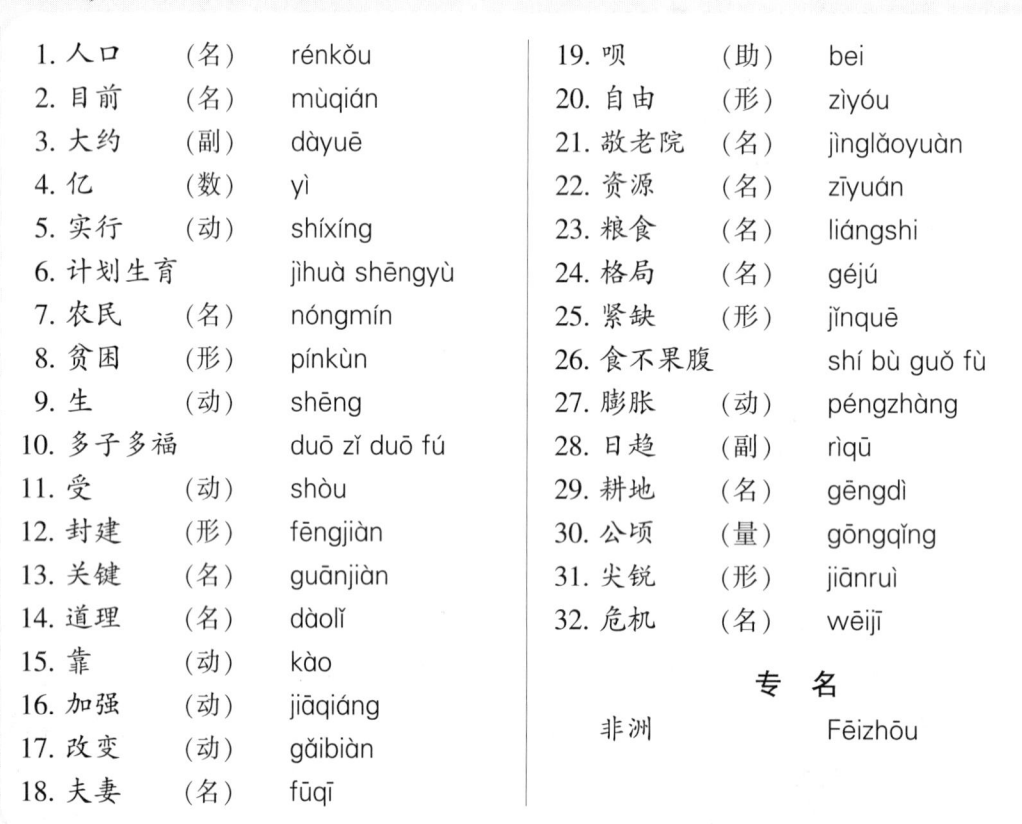

1. 人口	(名)	rénkǒu	
2. 目前	(名)	mùqián	
3. 大约	(副)	dàyuē	
4. 亿	(数)	yì	
5. 实行	(动)	shíxíng	
6. 计划生育		jìhuà shēngyù	
7. 农民	(名)	nóngmín	
8. 贫困	(形)	pínkùn	
9. 生	(动)	shēng	
10. 多子多福		duō zǐ duō fú	
11. 受	(动)	shòu	
12. 封建	(形)	fēngjiàn	
13. 关键	(名)	guānjiàn	
14. 道理	(名)	dàolǐ	
15. 靠	(动)	kào	
16. 加强	(动)	jiāqiáng	
17. 改变	(动)	gǎibiàn	
18. 夫妻	(名)	fūqī	
19. 呗	(助)	bei	
20. 自由	(形)	zìyóu	
21. 敬老院	(名)	jìnglǎoyuàn	
22. 资源	(名)	zīyuán	
23. 粮食	(名)	liángshi	
24. 格局	(名)	géjú	
25. 紧缺	(形)	jǐnquē	
26. 食不果腹		shí bù guǒ fù	
27. 膨胀	(动)	péngzhàng	
28. 日趋	(副)	rìqū	
29. 耕地	(名)	gēngdì	
30. 公顷	(量)	gōngqǐng	
31. 尖锐	(形)	jiānruì	
32. 危机	(名)	wēijī	

专 名

非洲　　　Fēizhōu

三、练习

(一) 用正确的语调读出下列句子,注意画线部分:

1. 这样一来,很多问题就都能解决了。
2. 没有孩子,就没有什么拖累,没有什么负担。这样一来,他们想干什么就干什么,多舒服呀。

3. 中国有大约 10 亿农民,有些地方的农民生活还很贫困,说到底还是因为人口太多。

4. 说到底还是受封建传统思想的影响。

5. 人们的生活有保障了,就改变了养儿防老的旧观念,就是孩子少也没有什么问题了。

6. 说到底就是想生活得舒服一点儿呗。

7. 问题是有些人还有养儿防老、多子多福的旧观念。

8. 不过,他们老了怎么办?

9. 可见,发展经济有多么重要。

(二) 选择适当词语完成句子:

压力　实行　道理　保障　目前　关键

1. _____,全世界形成了一股汉语热。

2. 明天又要考试了,学生的心理_____很大。

3. 中国自 20 世纪 70 年代末开始_____计划生育政策。

4. 问题的_____在于怎么解决技术问题。

5. 他的话很有_____,我们就听他的吧。

6. 现在老人的生活都有_____,能安度晚年。

(三) 用"这样一来……"完成对话:

1. A:我的儿子现在已经上大学了。
   B:_____。

2. A:我的成绩没有他好。
   B:_____。

3. A:现在找工作的人越来越多。
   B:_____。

4. A:我们的钱终于攒够了。
   B:_____。

5. A:他顺利通过了英语考试。
   B:_____。

6. A:今天的工作终于都干完了。
   B:_____。

(四) 成段表达:

你认为应该怎样解决中国的人口问题?

参考词语:

人口	目前	大约	压力
实行	计划生育	农民	贫困
封建	关键	加强	改变
自由	敬老院		

表达思路： 承接对方观点，再阐述自己的观点。

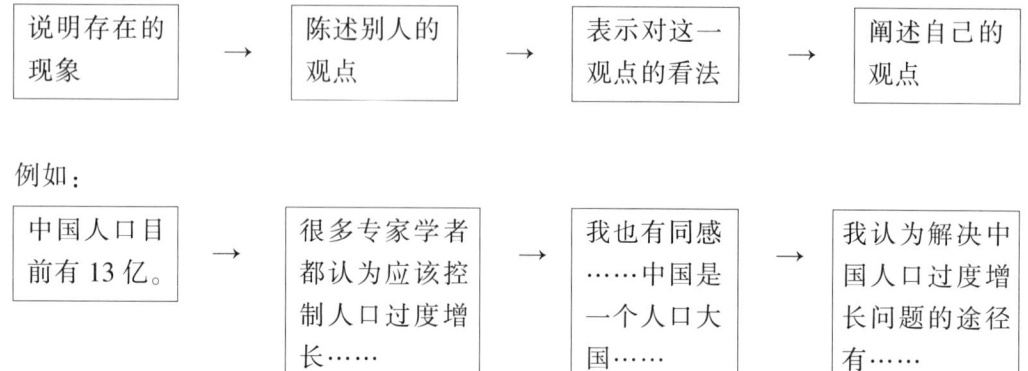

| 说明存在的现象 | → | 陈述别人的观点 | → | 表示对这一观点的看法 | → | 阐述自己的观点 |

例如：

| 中国人口目前有 13 亿。 | → | 很多专家学者都认为应该控制人口过度增长…… | → | 我也有同感……中国是一个人口大国…… | → | 我认为解决中国人口过度增长问题的途径有…… |

（五）词语搭配练习：

发展	思想
加强	经济
受	影响
解决	问题
封建	交流
走	极端

（六）分组讨论：

1. 你认为发展经济与解决人口问题有哪些必然联系？
2. 多子多福与丁克家庭两种观念你赞同哪种？为什么？
3. 谈谈中国为什么需要实行计划生育政策？

（七）实践活动：

以"人口与经济"为题进行辩论，提出自己的观点，并说明理由。

（八）听力理解：

人口问题与单身意识

2000 年，全世界人口数量已经超过 60 亿。不断增长的人口，已经使许多发展中国家陷入了就业、教育、生活保障等社会问题的困境。

一些传统观点认为，单身者不要家庭、子女，就是放弃社会责任。我们觉得这种观点早已经过时。新时期的观点是：自觉地少生才是对人类负责的表现。

带着这个问题，我们采访了不少人。在采访中，有一位未婚的中年女性愤愤不平地说："有人总是说不结婚就是不愿意尽社会责任，我不知道他们所说的社会责任指的是什么。难道非得生个孩子，然后把他养大，和其他的孩子去竞争？难道这样做才是一个有社会责任感的人？难道我参加工作 30 年，为国家所作的贡献就一文不值？"

绝大多数单身者是为了自由才决定单身的。他们认为，家庭和子女是对个人最大的约束，是个性自由的最大负担，也是个体解放的最大障碍。

　　曾经被认定放弃生育就是放弃责任和义务的传统观念,放在当今的时代来看,已不再是自私和不负责任的了。抑制人口过度增长,实行计划生育政策,对中国来说,已经刻不容缓。

　　单身者的生活选择,完全可以被当今社会所接受,从某种意义上来说,这应该是一种利他的选择。

(作者:葛红兵、胡榴明)

补充词语:

1. 单身　　　　(名)　　dānshēn
2. 陷入　　　　(动)　　xiànrù
3. 困境　　　　(名)　　kùnjìng
4. 责任　　　　(名)　　zérèn
5. 过时　　　　(形)　　guòshí
6. 愤愤不平　　　　　　fènfèn bùpíng
7. 一文不值　　　　　　yì wén bù zhí
8. 约束　　　　(动)　　yuēshù
9. 个性　　　　(名)　　gèxìng
10. 障碍　　　(名)　　zhàng'ài
11. 生育　　　(动)　　shēngyù
12. 义务　　　(名)　　yìwù
13. 自私　　　(形)　　zìsī
14. 抑制　　　(动)　　yìzhì
15. 刻不容缓　　　　　　kè bù róng huǎn

听后说:

1. 关于生育的问题,传统观点是什么? 新时期的观点是什么?
2. 文中那位未婚的中年女性怎么说? 她的主要观点是什么?
3. 绝大多数单身者是为了什么才决定单身的?
4. 什么事情对中国已经是刻不容缓的了?
5. 本文作者的主要观点是什么?

(九) 看图说话:

《无处栖身》

第十八课　老人问题

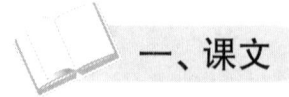

一、课文

（一）

古　　丽：你们看，网上说，在全世界范围内，现在大约有四亿两千万人口是 65 岁以上的老年人，到 2050 年有可能还会再增加两亿。

李小红：到那时世界上老年人的比率将达到 20%，也就是说每五个人中就有一位老人。

林　　强：这样说来，老人问题也是社会问题。

张　　华：当然是社会问题了，而且是一个很重要的社会问题。

古　　丽：是啊，首要的问题就是老人该由谁养的问题。

李小红：当然应该由子女养啊，中国有句老话，叫做"养儿防老"嘛。

林　　强：不过，现在都是独生子女，子女结了婚，就算很孝顺，也无力照顾四位老人啊。

张　　华：是呀，就算老人不生病，也照顾不过来呀。

古　　丽：那就请保姆呗。

李小红：请保姆得花多少钱啊？就算老人有养老金，也不够呀。我看还是由子女照顾老人比较好。

林　　强：子女还要上班工作呀，总不能天天在家照顾老人吧？

张　　华：就是，万一子女不在家的时候，老人病了怎么办？

古　　丽：万一子女的工作特别忙，根本没有时间照顾怎么办？

李小红：你们说的也是一些实际情况，那你们有什么好办法呢？

林　　强：要我说呀，咱也得学学国外，多办一些敬老院，老人的吃、住、医疗都由敬老院来管。

张　　华：这倒是一个好主意，这样既方便又省心。

古　　丽：不过，中国这么大，老人这么多，那得建多少个敬老院呀？

李小红：还有啊，老人在敬老院，除了医疗条件比较好、每天有专人照顾以外，吃的、住的肯定都不如家里。

林　强：是啊,肯定还有一些老人不习惯住敬老院呢。

古　丽：这样说来,也许请一个保姆照顾老人更好。

(二)

古　丽：你们怎么看待老年人再婚问题?

王小明：我觉得只要老人自己愿意,我们做晚辈的就应该支持。就算老人不想再婚,我们也应该关心老人的再婚问题。

邢春生：是啊,人老了,本来就很孤独。如果老人找到了满意的另一半,做子女的当然应该支持老人再婚。

刘　聪：老年人再婚现在很普遍,这一方面能解除孤寡老人的寂寞,另一方面也能使两位老人互相照顾。

古　丽：可是,你们想没想过老人再婚也存在一些客观的问题。

王小明：有子女感情上的问题,很多子女可能会很难接受老人再婚。

邢春生：还有就是经济上的问题,万一老人再婚了,很多子女担心得不到或者少得到遗产。

刘　聪：我觉得这些子女太自私了,他们不是在考虑老人的幸福,而是在考虑自身的利益。

古　丽：不过,是不是这些子女的想法也有合理的地方呢?

王小明：关于感情上的原因,我觉得可以理解,毕竟老人再婚的对象不是子女的亲人,接受起来需要一定的时间。

邢春生：关于经济上的原因,我认为做子女的应该大度一些。

刘　聪：就是,只要老人能过上幸福的好日子,那么计较遗产干吗?

古　丽：这样说来,大家应当对老人的黄昏恋有一个开明的态度,还是应该支持的。

(三)

重阳节

农历九月九日,是我国传统的重阳节。重阳节起源于战国时代。中国古人将天地万物归为阴阳两类,阴代表黑暗,阳则代表光明、活力。奇数为阳,偶数为阴。九是奇数,因此属阳,九月初九,日月逢九,二阳相重,故称"重阳",也叫"重九",古人认为这是一个值得庆贺的吉利日子,因此从很早就开始过这个节日。

我国庆祝重阳节的活动丰富多彩,一般包括出游赏景、登高远眺、观赏菊花、遍插茱萸、吃重阳糕、饮菊花酒等活动。

　　九在十个数字中是最大数,九九又与"久久"同音,有长久长寿的含意,况且秋季也是一年中收获的黄金季节,重阳佳节,寓意深远,人们对这个节日历来有着特殊的感情,唐诗宋词中有不少贺重阳、咏菊花的佳作。

　　今天的重阳节,被现代人赋予了新的含义。1989年,我国把每年的农历九月九日定为老人节,将传统与现代巧妙地结合,使重阳节成为尊老、敬老、爱老、助老的老年人的节日。全国各机关、团体、街道,都在此时组织老人们秋游赏景,或临水玩乐,或登山健体,让老年人沐浴在大自然的怀抱里;不少家庭的晚辈也会搀扶着年老的长辈到郊外活动,或者为老人准备一些可口的饮食。

　　现在过重阳节,已经见不到插茱萸等风俗了。但是,很多人仍然会在这一天登高赏菊,观赏秋天的美景。每当佳节来临,人们都要举办各种敬老活动,祝愿老年人步步登高,健康长寿。

二、生词及短语

1. 范围	(名)	fànwéi	18. 大度	(形)	dàdù
2. 比率	(名)	bǐlǜ	19. 计较	(动)	jìjiào
3. 就算	(连)	jiùsuàn	20. 黄昏恋		huánghūnliàn
4. 孝顺	(动)	xiàoshùn	21. 天地万物		tiāndì wànwù
5. 万一	(连)	wànyī	22. 吉利	(形)	jílì
6. 实际	(形)	shíjì	23. 远眺	(动)	yuǎntiào
7. 情况	(名)	qíngkuàng	24. 观赏	(动)	guānshǎng
8. 医疗	(动)	yīliáo	25. 茱萸	(名)	zhūyú
9. 晚辈	(名)	wǎnbèi	26. 寓意	(名)	yùyì
10. 解除	(动)	jiěchú	27. 深远	(形)	shēnyuǎn
11. 孤寡	(形)	gūguǎ	28. 赋予	(动)	fùyǔ
12. 寂寞	(形)	jìmò	29. 沐浴	(动)	mùyù
13. 存在	(动)	cúnzài	30. 怀抱	(名)	huáibào
14. 客观	(形)	kèguān	31. 佳节	(名)	jiājié
15. 遗产	(名)	yíchǎn			
16. 考虑	(动)	kǎolǜ			
17. 利益	(名)	lìyì			

专　名

重阳节　　　　　Chóngyáng Jié

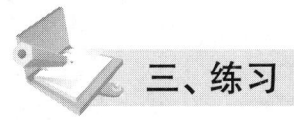 三、练习

(一) 用正确的语调读出下列句子，注意画线部分：

1. 这样说来,老人问题也是社会问题。

2. 这倒是一个好主意,这样既方便又省心。

3. 大家应当对老人的黄昏恋有一个开明的态度,还是应该支持的。

4. 当然应该由子女养啊,中国有句老话,叫做"养儿防老"嘛。

5. 要我说呀,咱也得学学国外,多办一些敬老院,老人的吃、住、医疗都由敬老院来管。

6. 不过,现在都是独生子女,子女结了婚,就算很孝顺,也无力照顾四位老人啊。

7. 是呀,就算老人不生病,也照顾不过来呀。

8. 请保姆得花多少钱啊? 就算老人有养老金,也不够呀。

9. 万一子女不在家的时候,老人病了怎么办?

10. 万一子女的工作特别忙,根本没有时间照顾怎么办?

(二) 解释下列句子中的画线部分：

1. 年轻人应该孝顺父母。

2. 尊敬长辈是每个做晚辈的都应该做的。

3. 一个人待着会很寂寞,大家一起出去玩儿吧。

4. 请您考虑一下,明天回答我。

5. 您别跟小孩子计较,大度一些。

6. 我们经常一起去为敬老院里的孤寡老人表演节目。

(三) 用"就算……也……"完成句子：

1. 就算下雨,我也＿＿＿＿＿＿＿＿＿。

2. 你急什么,就算走路也＿＿＿＿＿＿＿＿＿。

3. 就算你很有钱,也＿＿＿＿＿＿＿＿＿。

4. 就算是孩子不对,你也＿＿＿＿＿＿＿＿＿。

5. 就算我没有钱吃饭,也＿＿＿＿＿＿＿＿＿。

6. 就算困难再多,我也＿＿＿＿＿＿＿＿＿。

(四) 成段表达：

你认为平时应该怎样孝顺父母?

参考词语：			
就算	毕竟	倒	万一
实际	条件	孝顺	寂寞
晚辈	大度		

表达思路: 先概括说明,再分别说明。

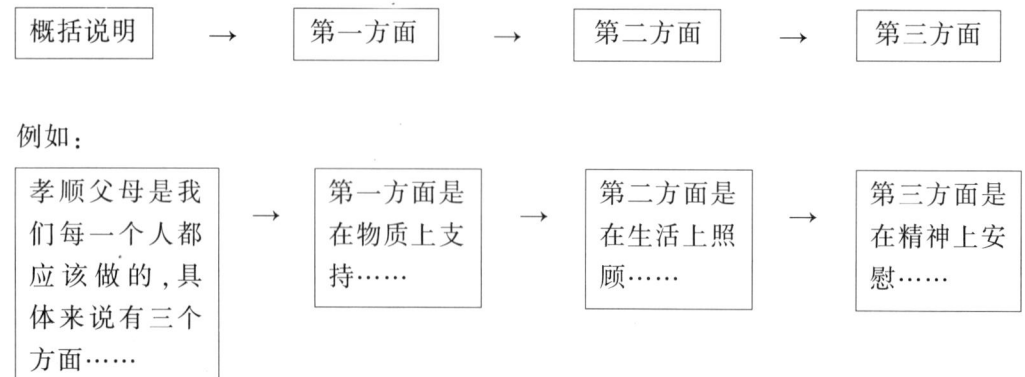

(五)分组讨论:

1. 你认为老人应该由谁来照顾?你觉得送老人去敬老院养老好不好?为什么?
2. 你认为什么样的生活最适合老人?
3. 你怎么看待老年人再婚问题?
4. 有些子女反对老人再婚,有没有道理?为什么?

(六)主题发言:

以"全社会应该尊老敬老"为题准备主题发言,提出自己的观点,并说明理由。

(七)听力理解:

中国农村的养老问题

农村养老问题怎么解决?老有所养由谁养?随着我国人口不断老龄化、家庭小型化和人民生活水平的不断提高,广大农民群众对农村养老问题日益关注。

养老、爱老、敬老是中华民族几千年来的传统美德,家庭养老一直是农村最主要的养老形式。可是,现代社会生产和生活节奏加快、劳动强度增加、社会流动性增强,直接影响了子女对父母行孝。由于时间、精力所限,成年子女越来越感到照料老人的担子沉重。

对于多数农村人来说,田地维系着生命的延续。"但单纯地依靠田地,自己的生活都成问题,想好好尽孝,却是心有余而力不足啊。"刚过而立之年的小陈叹了一口气。

小陈是家中的独生子,妻子也是独生女,五年前他们有了一个白白胖胖的儿子。双方的父母均在世,小陈的奶奶和妻子的爷爷奶奶也都健在。这样一来,小陈夫妇就要赡养七个老人、抚养一个小孩儿。"这是一个非常沉重、几乎无法承受的重担。"

双方老人也都很体谅他们。小陈的父亲说:"就算他们不能很好地尽孝,我们也不会有怨言,他们压力太重了。再说,总不能叫儿女什么都不做,整天陪着才算孝顺吧!我们有吃有喝就行了。"

随着子女养老负担的加重,一旦农民到了干不动活儿的那天怎么办?再说,现在农民一家最多也就一两个孩子。将来让小两口儿养四个甚至是八个老人再加上孩子,负担得起吗?农民养老,除了靠子女,是不是还应该有别的办法?

一位老人对记者说:"真要到敬老院也不错,还可以和很多人在一起聊聊天儿,不至于老来寂寞。"

其实,农村的许多老人都愿意去敬老院,但在费用的问题上又让老人们产生了忧虑。"一个人一个月大约需要两百块钱,这样两个人一年就是好几千,靠种田哪能拿得出来啊!"老人们这样说。

看来,农村养老要做到老有所养,似乎还有很长的一段路要走。

(作者:汪起)

补充词语:

1. 日益　　　　(副)　　rìyì
2. 节奏　　　　(名)　　jiézòu
3. 精力　　　　(名)　　jīnglì
4. 担子　　　　(名)　　dànzi
5. 沉重　　　　(形)　　chénzhòng
6. 延续　　　　(动)　　yánxù
7. 心有余而力不足　　xīn yǒu yú ér lì bù zú
8. 而立之年　　　　érlì zhī nián
9. 健在　　　　(动)　　jiànzài
10. 赡养　　　　(动)　　shànyǎng
11. 体谅　　　　(动)　　tǐliàng
12. 怨言　　　　(名)　　yuànyán
13. 不至于　　　(动)　　búzhìyú
14. 忧虑　　　　(动)　　yōulǜ

听后说:

1. 现在广大农民群众日益关注什么问题?
2. 长久以来农村最主要的养老形式是什么?
3. 刚过而立之年的小陈为什么想好好尽孝,却心有余而力不足?
4. 农村老人们对去敬老院养老持什么态度?他们又为什么会产生忧虑?

(八) 看图说话:

《不想变老》

词 汇 表

A

挨 *	(动)	ái	16
安逸	(形)	ānyì	6
按照	(介)	ànzhào	4

B

巴不得	(动)	bābude	1
拔河 *		bá hé	13
百般	(副)	bǎibān	2
呗	(助)	bei	17
拜年 *		bài nián	14
宝贵	(形)	bǎoguì	13
保姆	(名)	bǎomǔ	7
保障 *	(名)	bǎozhàng	7
保证	(动)	bǎozhèng	10
抱怨 *	(动)	bàoyuàn	11
暴饮暴食 *		bàoyǐn bàoshí	3
悲欢离合		bēi huān lí hé	7
背	(动)	bèi	16
被窝儿 *	(名)	bèiwōr	14
奔波	(动)	bēnbō	2
甭	(副)	béng	1
逼 *	(动)	bī	1
比率	(名)	bǐlǜ	18
彼此	(代)	bǐcǐ	8
必备	(动)	bìbèi	2
毕竟 *	(副)	bìjìng	1
碧绿	(形)	bìlǜ	1
避风港 *	(名)	bìfēnggǎng	7
避让 *	(动)	bìràng	11
标签儿 *	(名)	biāoqiānr	5

注:带 * 的生词为练习中的补充生词

冰糖	（名）	bīngtáng	15
博大精深		bódà jīngshēn	16
补贴 *	（名）	bǔtiē	4
不务正业 *		bú wù zhèngyè	15
不至于 *	（动）	búzhìyú	18
不假思索 *		bù jiǎ sīsuǒ	1
不以为然 *		bù yǐ wéi rán	5
不知所措 *		bù zhī suǒ cuò	16
不足挂齿		bù zú guàchǐ	13
不辞	（动）	bùcí	2
不妨	（副）	bùfáng	12
不光	（连）	bùguāng	5
不然	（连）	bùrán	7

C

财源	（名）	cáiyuán	5
采访	（动）	cǎifǎng	10
菜系	（名）	càixì	14
参与 *	（动）	cānyù	14
苍白 *	（形）	cāngbái	7
操持 *	（动）	cāochí	8
策划	（动）	cèhuà	11
层面	（名）	céngmiàn	7
曾经 *	（副）	céngjīng	4
查阅 *	（动）	cháyuè	13
差	（形）	chà	8
尝试	（动）	chángshì	11
畅所欲言		chàng suǒ yù yán	15
倡导	（动）	chàngdǎo	10
超前	（形）	chāoqián	12
吵架		chǎo jià	10
炒	（动）	chǎo	14
彻底	（形）	chèdǐ	8
沉默	（动）	chénmò	4
沉重 *	（形）	chénzhòng	18
称心如意		chèn xīn rú yì	2
趁	（介）	chèn	6
成交量 *		chéngjiāoliàng	15
承认	（动）	chéngrèn	8

吃亏		chī kuī	8
持之以恒 *		chí zhī yǐ héng	9
翅膀 *	(名)	chìbǎng	5
充电		chōng diàn	2
充分	(形)	chōngfèn	15
充其量	(副)	chōngqíliàng	13
崇拜	(动)	chóngbài	2
除夕 *	(名)	chúxī	14
储蓄	(动)	chǔxù	12
传播	(动)	chuánbō	14
传递	(动)	chuándì	13
传授 *	(动)	chuánshòu	13
传统	(形)	chuántǒng	4
闯	(动)	chuǎng	2
创业	(动)	chuàngyè	2
纯真无邪		chúnzhēn wúxié	1
淳朴 *	(形)	chúnpǔ	6
绰号 *	(名)	chuòhào	12
词汇量		cíhuìliàng	16
刺激	(动)	cìjī	9
从事	(动)	cóngshì	11
粗粮	(名)	cūliáng	3
促进	(动)	cùjìn	9
促使 *	(动)	cùshǐ	15
存在	(动)	cúnzài	18
挫折	(动)	cuòzhé	2

D

搭配 *	(动)	dāpèi	3
大度	(形)	dàdù	18
大手大脚		dà shǒu dà jiǎo	12
大有用武之地		dà yǒu yòng wǔ zhī dì	11
大有用处		dà yǒu yòngchu	13
大约	(副)	dàyuē	17
戴高帽		dài gāomào	8
单纯	(形)	dānchún	15
单调	(形)	dāndiào	6
单身 *	(名)	dānshēn	17
耽误	(动)	dānwu	10

担子 *	（名）	dànzi	18
挡 *	（动）	dǎng	6
导致	（动）	dǎozhì	10
倒闭	（动）	dǎobì	4
倒退	（动）	dàotuì	7
到	（动）	dào	4
道理	（名）	dàolǐ	17
低估	（动）	dīgū	8
低热量	（名）	dīrèliàng	3
地段	（名）	dìduàn	10
地域	（名）	dìyù	13
递	（动）	dì	8
点	（动）	diǎn	15
淀粉	（名）	diànfěn	14
刁难	（动）	diāonàn	16
丁克家庭		dīngkè jiātíng	4
动脉 *	（名）	dòngmài	9
动员	（动）	dòngyuán	7
独树一帜		dú shù yí zhì	14
独立 *	（动）	dúlì	8
独特	（形）	dútè	5
独自	（副）	dúzì	5
赌博 *	（动）	dǔbó	4
锻炼	（动）	duànliàn	3
对付	（动）	duìfu	1
对抗	（动）	duìkàng	9
顿时	（副）	dùnshí	4
多子多福		duō zǐ duō fú	17

E

而立之年 *		érlì zhī nián	18

F

发蒙	（动）	fāmēng	16
乏味	（形）	fáwèi	6
翻 *	（动）	fān	11
烦恼	（形）	fánnǎo	4
繁华	（形）	fánhuá	10
繁荣	（形）	fánróng	12

反思 *	(动)	fǎnsī	10
反正	(副)	fǎnzheng	10
泛滥	(动)	fànlàn	11
范围	(名)	fànwéi	18
方块糖	(名)	fāngkuàitáng	15
仿佛 *	(副)	fǎngfú	15
放弃 *	(动)	fàngqì	10
非	(副)	fēi	6
分享	(动)	fēnxiǎng	5
纷纷	(副)	fēnfēn	11
氛围	(名)	fēnwéi	6
愤愤不平 *		fènfèn bùpíng	17
丰富	(形)	fēngfù	6
风度	(名)	fēngdù	8
风靡	(动)	fēngmǐ	14
风土人情		fēngtǔ rénqíng	5
封建	(形)	fēngjiàn	17
否则	(连)	fǒuzé	16
夫妻	(名)	fūqī	17
拂	(动)	fú	1
符号	(名)	fúhào	13
幅员	(名)	fúyuán	14
抚养 *	(动)	fǔyǎng	8
辅助	(形)	fǔzhù	13
付账		fù zhàng	15
负债累累		fù zhài lěilěi	12
负担	(动、名)	fùdān	7
副 *	(量)	fù	1
赋予	(动)	fùyǔ	18
富强	(形)	fùqiáng	9
富裕	(形)	fùyù	6
覆盖面	(名)	fùgàimiàn	11

G

改变	(动)	gǎibiàn	17
概率	(名)	gàilǜ	2
干脆	(副)	gāncuì	3
港湾 *	(名)	gǎngwān	7
高超	(形)	gāochāo	13

高档	（形）	gāodàng	5
高架桥		gāojiàqiáo	10
格局	（名）	géjú	17
个别	（形）	gèbié	8
个性 *	（名）	gèxìng	17
根本	（副）	gēnběn	3
根深蒂固		gēn shēn dì gù	2
耕地	（名）	gēngdì	17
工薪族		gōngxīnzú	1
公平	（形）	gōngpíng	8
公顷	（量）	gōngqǐng	17
功不可没		gōng bù kě mò	9
贡献	（名）	gòngxiàn	14
够	（动）	gòu	5
孤单	（形）	gūdān	15
孤独 *	（形）	gūdú	5
孤寡	（形）	gūguǎ	18
股票	（名）	gǔpiào	4
故意	（副）	gùyì	3
顾	（动）	gù	7
瓜果	（名）	guāguǒ	15
关键	（名）	guānjiàn	17
关注	（动）	guānzhù	11
观念	（名）	guānniàn	4
观赏	（动）	guānshǎng	18
管束	（动）	guǎnshù	6
冠军	（名）	guànjūn	9
广泛	（形）	guǎngfàn	11
广阔	（形）	guǎngkuò	5
逛街		guàng jiē	1
归	（动）	guī	5
规矩 *	（形）	guīju	14
贵重	（形）	guìzhòng	15
锅 *	（名）	guō	14
国力	（名）	guólì	9
过时 *	（形）	guòshí	17
过瘾	（形）	guòyǐn	14

H

J

基础	（名）	jīchǔ	5
基因	（名）	jīyīn	3
激烈	（形）	jīliè	7
激怒 *	（动）	jīnù	11
吉利	（形）	jílì	18
疾病	（名）	jíbìng	3
挤	（动）	jǐ	3
计划生育		jìhuà shēngyù	17
计较	（动）	jìjiào	18
纪念	（名）	jìniàn	5
技巧 *	（名）	jìqiǎo	2
技术	（名）	jìshù	13
忌妒 *	（动）	jìdu	5
寂寞	（形）	jìmò	18
加强	（动）	jiāqiáng	17
佳节	（名）	jiājié	18
家常便饭		jiācháng biànfàn	10
价值	（名）	jiàzhí	11
尖锐	（形）	jiānruì	17
坚决	（形）	jiānjué	6
煎	（动）	jiān	14
减轻	（动）	jiǎnqīng	7
简历	（名）	jiǎnlì	8
见识	（名）	jiànshi	4
见效	（动）	jiànxiào	16
健康	（形）	jiànkāng	3
健在 *	（动）	jiànzài	18
奖赏	（动）	jiǎngshǎng	9
接轨 *		jiē guǐ	12
接触 *	（动）	jiēchù	13
接受	（动）	jiēshòu	11
街坊邻居 *		jiēfang línjū	14
节约 *	（动）	jiéyuē	16
节奏 *	（名）	jiézòu	18
节制 *	（动）	jiézhì	3
捷足先登 *		jié zú xiān dēng	13
截至	（动）	jiézhì	9
解除	（动）	jiěchú	18
解放	（动）	jiěfàng	7

解决	(动)	jiějué	7
解剖 *	(动)	jiěpōu	3
借鉴 *	(动)	jièjiàn	2
金牌	(名)	jīnpái	9
仅仅	(副)	jǐnjǐn	13
紧缺	(形)	jǐnquē	17
进步	(动)	jìnbù	7
禁锢	(动)	jìngù	8
精打细算 *		jīng dǎ xì suàn	12
精彩	(形)	jīngcǎi	6
精光 *	(形)	jīngguāng	12
精力 *	(名)	jīnglì	18
精心	(形)	jīngxīn	11
净	(副)	jìng	1
竞争	(动)	jìngzhēng	2
敬老院	(名)	jìnglǎoyuàn	17
酒吧	(名)	jiǔbā	16
就算	(连)	jiùsuàn	18
局限	(动)	júxiàn	15
举手之劳		jǔ shǒu zhī láo	15
巨大	(形)	jùdà	7
具备	(动)	jùbèi	10
剧场	(名)	jùchǎng	6
拒绝 *	(动)	jùjué	10
倦 *	(形)	juàn	7
眷恋 *	(动)	juànliàn	6
抉择	(动)	juézé	8
绝招儿	(名)	juézhāor	12
均衡 *	(形)	jūnhéng	3
均摊	(动)	jūntān	15

K

咖啡 *	(名)	kāfēi	15
开阔 *	(形)	kāikuò	6
开支 *	(名)	kāizhī	16
坎坷	(形)	kǎnkě	16
考虑	(动)	kǎolǜ	18
犒劳	(动)	kàoláo	1
靠	(动)	kào	17

可口	(形)	kěkǒu	14
渴望	(动)	kěwàng	7
克制	(动)	kèzhì	12
刻不容缓 *		kè bù róng huǎn	17
客观	(形)	kèguān	18
肯	(动)	kěn	7
控制	(动)	kòngzhì	3
口水 *	(名)	kǒushuǐ	14
枯燥	(形)	kūzào	6
宽容	(动)	kuānróng	8
宽裕 *	(形)	kuānyù	4
款待	(动)	kuǎndài	15
亏	(动)	kuī	15
匮乏 *	(形)	kuìfá	4
困境 *	(名)	kùnjìng	17
扩大	(动)	kuòdà	16

L

辣	(形)	là	14
来临 *	(动)	láilín	14
懒	(形)	lǎn	1
浪费	(动)	làngfèi	13
牢骚 *	(名)	láosao	8
乐此不疲		lè cǐ bù pí	15
类似 *	(动)	lèisì	11
离谱儿	(形)	lípǔr	12
理所当然		lǐ suǒ dāng rán	8
理解	(动)	lǐjiě	4
理智	(形)	lǐzhì	8
力度	(名)	lìdù	11
力量	(名)	lìliàng	9
利大于弊		lì dà yú bì	10
利益	(名)	lìyì	18
利用	(动)	lìyòng	3
廉价	(名)	liánjià	5
恋恋不舍		liànliàn bù shě	6
粮食	(名)	liángshi	17
辽阔	(形)	liáokuò	14
领略	(动)	lǐnglüè	5

浏览	(动)	liúlǎn	11
流通	(动)	liútōng	12
遛 *	(动)	liù	1
录取	(动)	lùqǔ	2
露一手		lòu yì shǒu	14

M

瞒	(动)	mán	10
满不在乎 *		mǎn bú zàihu	1
没完没了		méi wán méi liǎo	3
美满	(形)	měimǎn	4
美食	(名)	měishí	14
魅力	(名)	mèilì	9
面临	(动)	miànlín	11
名次	(名)	míngcì	9
名胜古迹		míngshèng gǔjì	5
明亮	(形)	míngliàng	4
明明 *	(副)	míngmíng	2
明显	(形)	míngxiǎn	13
模式 *	(名)	móshì	8
摩登	(形)	módēng	12
磨砺 *	(动)	mólì	16
摩拳擦掌 *		mó quán cā zhǎng	13
陌生	(形)	mòshēng	13
莫过于		mò guò yú	12
默认 *	(动)	mòrèn	8
目前	(名)	mùqián	17
沐浴	(动)	mùyù	18

N

纳入 *	(动)	nàrù	10
男主外,女主内		nán zhǔ wài, nǚ zhǔ nèi	7
男尊女卑		nán zūn nǚ bēi	8
难道	(副)	nándào	16
馕	(名)	náng	14
内疚 *	(形)	nèijiù	1
腻	(形)	nì	14
念念不忘 *		niànniàn bú wàng	4
宁肯	(副)	nìngkěn	1

农民	(名)	nóngmín	17

O

偶然 *	(形)	ǒurán	13
偶像	(名)	ǒuxiàng	2

P

排球	(名)	páiqiú	5
盘算 *	(动)	pánsuan	12
盼	(动)	pàn	1
抛弃 *	(动)	pāoqì	12
赔本		péi běn	5
配套		pèi tào	10
膨胀	(动)	péngzhàng	17
捧	(动)	pěng	16
疲乏 *	(形)	pífá	9
脾 *	(名)	pǐ	3
偏 *	(副)	piān	2
偏离 *	(动)	piānlí	1
拼命	(副)	pīnmìng	9
贫苦 *	(形)	pínkǔ	6
贫困	(形)	pínkùn	17
频繁	(形)	pínfán	9
品尝	(动)	pǐncháng	1
平起平坐		píng qǐ píng zuò	15
平淡 *	(形)	píngdàn	4
迫不及待 *		pò bù jí dài	1
破费	(动)	pòfèi	15
朴实	(形)	pǔshí	6
普及	(动)	pǔjí	13

Q

旗帜 *	(名)	qízhì	10
乞丐	(名)	qǐgài	3
企盼	(动)	qǐpàn	12
启示 *	(名)	qǐshì	11
起源 *	(动)	qǐyuán	10
气不打一处来		qì bù dǎ yí chù lái	11
气氛	(名)	qìfēn	9

气息	（名）	qìxī	1
契机	（名）	qìjī	9
签约 *		qiān yuē	2
前景	（名）	qiánjǐng	5
前兆	（名）	qiánzhào	3
潜在	（形）	qiánzài	11
强调 *	（动）	qiángdiào	10
强势 *	（名）	qiángshì	8
窍门儿 *	（名）	qiàoménr	16
惬意	（形）	qièyì	6
亲耳	（副）	qīn'ěr	16
亲口	（副）	qīnkǒu	16
亲身	（副）	qīnshēn	16
亲手	（副）	qīnshǒu	16
亲眼	（副）	qīnyǎn	16
勤奋	（形）	qínfèn	2
青睐	（动）	qīnglài	14
倾听 *	（动）	qīngtīng	15
清澈 *	（形）	qīngchè	6
清贫 *	（形）	qīngpín	4
清爽	（形）	qīngshuǎng	1
清真饼干		qīngzhēn bǐnggān	15
情况	（名）	qíngkuàng	18
情绪	（名）	qíngxù	11
求之不得		qiú zhī bù dé	15
驱使 *	（动）	qūshǐ	12
趋势	（名）	qūshì	12
取代	（动）	qǔdài	8
权利	（名）	quánlì	7
全职	（形）	quánzhí	7
诠释	（动）	quánshì	4
缺点	（名）	quēdiǎn	13
缺乏 *	（动）	quēfá	7
缺少	（动）	quēshǎo	3

R

饶	（动）	ráo	1
绕	（动）	rào	10
人生地不熟		rén shēng dì bu shú	6

人口	（名）	rénkǒu	17
人类	（名）	rénlèi	
人选 *	（名）	rénxuǎn	2
忍受	（动）	rěnshòu	6
认知	（动）	rènzhī	10
日新月异		rì xīn yuè yì	9
日趋	（副）	rìqū	17
日益 *	（副）	rìyì	18
融洽	（形）	róngqià	6
融入	（动）	róngrù	13
如愿以偿		rú yuàn yǐ cháng	16

S

塞 *	（动）	sāi	5
沙滩	（名）	shātān	5
晒	（动）	shài	5
膻	（形）	shān	14
赡养 *	（动）	shànyǎng	18
伤害 *	（动）	shānghài	3
伤心 *	（形）	shāngxīn	5
商机	（名）	shāngjī	5
商务 *	（名）	shāngwù	15
赏心悦目		shǎng xīn yuè mù	11
烧	（动）	shāo	14
奢侈 *	（形）	shēchǐ	12
设计	（动）	shèjì	11
设施	（名）	shèshī	10
身无分文		shēn wú fēnwén	12
绅士	（名）	shēnshì	8
深远	（形）	shēnyuǎn	18
神圣	（形）	shénshèng	2
甚至 *	（连）	shènzhì	5
生	（动）	shēng	17
生育 *	（动）	shēngyù	17
省	（动）	shěng	12
胜任	（动）	shèngrèn	2
失败	（动）	shībài	6
时尚	（名）	shíshàng	1
实惠	（形）	shíhuì	5

实际	(形)	shíjì	18
实行	(动)	shíxíng	17
实验 *	(名)	shíyàn	15
食不果腹		shí bù guǒ fù	17
始终 *	(副)	shǐzhōng	14
驶 *	(动)	shǐ	11
适度 *	(形)	shìdù	3
适应	(动)	shìyìng	11
视线 *	(名)	shìxiàn	6
视野	(名)	shìyě	4
手艺	(名)	shǒuyì	14
寿命	(名)	shòumìng	3
受	(动)	shòu	17
受不了		shòubuliǎo	3
衰老 *	(形)	shuāilǎo	3
水涨船高		shuǐ zhǎng chuán gāo	9
睡懒觉		shuì lǎnjiào	3
斯文	(形)	sīwen	1
似乎 *	(副)	sìhū	8
素质 *	(名)	sùzhì	2
塑造	(动)	sùzào	4
酸	(形)	suān	14
算是	(副)	suànshì	4
损伤 *	(动)	sǔnshāng	3
缩略语		suōlüèyǔ	13
琐事 *	(名)	suǒshì	16

T

他乡 *	(名)	tāxiāng	14
太极拳	(名)	tàijíquán	9
谈判 *	(动)	tánpàn	15
讨价还价		tǎo jià huán jià	12
提高		tí gāo	16
提倡	(动)	tíchàng	8
提供 *	(动)	tígōng	15
体会 *	(动)	tǐhuì	6
体谅 *	(动)	tǐliàng	18
体验	(动)	tǐyàn	16
剃须刀 *	(名)	tìxūdāo	5

天地万物		tiāndì wànwù	18
天壤之别 *		tiānrǎng zhī bié	1
田野	（名）	tiányě	6
甜	（形）	tián	14
填报	（动）	tiánbào	11
弹琴		tán qín	13
调理	（动）	tiáolǐ	3
条件	（名）	tiáojiàn	5
挑战		tiǎo zhàn	3
同感	（名）	tónggǎn	13
痛苦	（形）	tòngkǔ	4
痛快	（形）	tòngkuai	5
投资		tóu zī	12
投机	（形）	tóujī	6
投入	（动）	tóurù	7
途径	（名）	tújìng	10
团聚 *	（动）	tuánjù	5
推动		tuī dòng	7
推崇	（动）	tuīchóng	12
推荐 *	（动）	tuījiàn	2
推算	（动）	tuīsuàn	3
推销 *	（动）	tuīxiāo	2
退化	（动）	tuìhuà	13
拖 *	（动）	tuō	16
脱颖而出		tuō yǐng ér chū	2

W

歪歪扭扭 *	（形）	wāiwāiniǔniǔ	5
完美 *	（形）	wánměi	7
晚辈	（名）	wǎnbèi	18
万一	（连）	wànyī	18
王婆卖瓜，自卖自夸		Wáng pó mài guā, zì mài zì kuā	11
网络 *	（名）	wǎngluò	13
网址	（名）	wǎngzhǐ	11
危害	（动）	wēihài	12
危机	（名）	wēijī	17
微妙	（形）	wēimiào	15
微笑	（动）	wēixiào	4
违规		wéi guī	10

围	(动)	wéi	4
围攻 *	(动)	wéigōng	16
围绕 *	(动)	wéirào	2
维持 *	(动)	wéichí	3
唯恐 *	(动)	wéikǒng	5
维系	(动)	wéixì	8
委屈	(形)	wěiqu	2
未雨绸缪 *		wèi yǔ chóumóu	10
胃 *	(名)	wèi	3
慰劳	(动)	wèiláo	12
温馨 *	(形)	wēnxīn	7
闻 *	(动)	wén	6
紊乱 *	(形)	wěnluàn	3
污染	(动)	wūrǎn	10
无精打采		wú jīng dǎ cǎi	3
无微不至 *		wú wēi bú zhì	4
无懈可击 *		wú xiè kě jī	7
无忧无虑		wú yōu wú lǜ	1
无奈 *	(动)	wúnài	4
武术	(名)	wǔshù	9
物质 *	(名)	wùzhì	4

X

牺牲	(动)	xīshēng	7
喜庆	(形)	xǐqìng	15
下跌	(动)	xiàdiē	4
鲜嫩	(形)	xiānnèn	14
咸	(形)	xián	14
娴熟	(形)	xiánshú	13
显然 *	(形)	xiǎnrán	1
显现	(动)	xiǎnxiàn	9
显眼 *	(形)	xiǎnyǎn	5
显著 *	(形)	xiǎnzhù	9
陷入 *	(动)	xiànrù	17
羡慕	(动)	xiànmù	4
香酥	(形)	xiāngsū	14
享受 *	(动)	xiǎngshòu	15
相夫教子		xiàng fū jiào zǐ	8
削弱	(动)	xuēruò	2

潇洒	(形)	xiāosǎ	12
小心翼翼 *		xiǎoxīn yìyì	5
孝顺	(动)	xiàoshùn	18
效仿	(动)	xiàofǎng	10
效率 *	(名)	xiàolǜ	10
携家带口		xié jiā dài kǒu	1
心有余而力不足 *		xīn yǒu yú ér lì bù zú	18
心扉	(名)	xīnfēi	15
心肌 *	(名)	xīnjī	9
新陈代谢		xīn chén dàixiè	3
薪水	(名)	xīnshui	12
行驶	(动)	xíngshǐ	10
形象 *	(形)	xíngxiàng	12
醒 *	(动)	xǐng	14
休闲	(动)	xiūxián	16
虚度	(动)	xūdù	12
轩然大波		xuānrán dà bō	8
宣布 *	(动)	xuānbù	4
血液 *	(名)	xuèyè	9
寻找 *	(动)	xúnzhǎo	13
循环 *	(动)	xúnhuán	9
循序渐进 *		xúnxù jiànjìn	9
迅速	(形)	xùnsù	9

Y

压力	(名)	yālì	1
压缩 *	(动)	yāsuō	12
压根儿	(副)	yàgēnr	10
鸦雀无声		yā què wú shēng	4
亚健康	(名)	yàjiànkāng	3
延续 *	(动)	yánxù	18
严禁	(动)	yánjìn	3
严实 *	(形)	yánshi	6
言简意赅		yán jiǎn yì gāi	13
眼高手低 *		yǎn gāo shǒu dī	2
洋溢	(动)	yángyì	7
养家糊口 *		yǎng jiā hú kǒu	8
养活	(动)	yǎnghuo	2
养生	(动)	yǎngshēng	9

氧气 *	（名）	yǎngqì	9
摇摆 *	（动）	yáobǎi	1
要领 *	（名）	yàolǐng	13
一切	（代）	yíqiè	16
一举两得		yì jǔ liǎng dé	2
一口吃成个胖子		yì kǒu chīchéng ge pàngzi	16
一拖再拖		yì tuō zài tuō	3
一文不值 *		yì wén bù zhí	17
医疗	（动）	yīliáo	18
依依不舍		yīyī bù shě	6
遗产	（名）	yíchǎn	18
亿	（数）	yì	17
义务 *	（名）	yìwù	17
艺术家	（名）	yìshùjiā	13
抑制 *	（动）	yìzhì	17
殷切	（形）	yīnqiè	12
营养 *	（名）	yíngyǎng	3
应酬 *	（名）	yìngchou	15
应付	（动）	yìngfù	16
应聘	（动）	yìngpìn	2
影响	（动）	yǐngxiǎng	11
拥堵	（动）	yōngdǔ	10
拥挤	（形）	yōngjǐ	6
永远	（副）	yǒngyuǎn	6
勇于	（动）	yǒngyú	12
涌 *	（动）	yǒng	16
优点	（名）	yōudiǎn	13
优先	（动）	yōuxiān	8
优越	（形）	yōuyuè	6
忧虑 *	（动）	yōulǜ	18
悠闲	（形）	yōuxián	1
游山玩水		yóu shān wán shuǐ	2
游戏	（名）	yóuxì	13
有利可图		yǒu lì kě tú	10
有目共睹		yǒu mù gòng dǔ	13
有滋有味儿		yǒu zī yǒu wèir	1
有限	（形）	yǒuxiàn	2
有效 *	（动）	yǒuxiào	15
娱乐	（动）	yúlè	16

舆论	（名）	yúlùn	8
羽翼	（名）	yǔyì	2
欲望	（名）	yùwàng	14
寓言 *	（名）	yùyán	11
寓意	（名）	yùyì	18
圆圈	（名）	yuánquān	4
远眺	（动）	yuǎntiào	18
怨言 *	（名）	yuànyán	18
约定俗成		yuē dìng sú chéng	8
跃跃欲试 *		yuèyuè yù shì	13
韵味	（名）	yùnwèi	11
蕴涵	（动）	yùnhán	5

Z

在意		zài yì	15
攒	（动）	zǎn	12
赞成	（动）	zànchéng	4
噪声	（名）	zàoshēng	10
责任 *	（名）	zérèn	17
责任心 *		zérènxīn	7
择	（动）	zhái	1
扎实	（形）	zhāshi	16
展示	（动）	zhǎnshì	15
掌握 *	（动）	zhǎngwò	8
障碍 *	（名）	zhàng'ài	17
招待	（动）	zhāodài	15
招聘会		zhāopìnhuì	2
照样	（副）	zhàoyàng	4
遮挡	（动）	zhēdǎng	7
折腾 *	（动）	zhēteng	12
珍贵 *	（形）	zhēnguì	1
真正	（副）	zhēnzhèng	7
振振有词 *		zhènzhèn yǒu cí	7
震撼	（动）	zhènhàn	11
争	（动）	zhēng	16
争先恐后 *		zhēng xiān kǒng hòu	12
整体	（名）	zhěngtǐ	10
支持	（动）	zhīchí	6
支出 *	（名）	zhīchū	4

专　名

白宫 *	Bái Gōng	16
川菜	Chuāncài	14
重阳节	Chóngyáng Jié	18
非洲	Fēizhōu	17
宫保鸡丁	Gōngbǎo Jīdīng	14
孤独的行星	Gūdú de Xíngxīng	5
哈萨克族	Hāsàkèzú	15
好莱坞	Hǎoláiwù	11
华山	Huà Shān	5
黄山	Huáng Shān	5
徽菜	Huīcài	14
回族	Huízú	15
加利福尼亚大学	Jiālìfúníyà Dàxué	3
开封	Kāifēng	5
鲁菜	Lǔcài	14
洛杉矶	Luòshānjī	11
洛阳	Luòyáng	5
麻婆豆腐	Mápó Dòufu	14
闽菜	Mǐncài	14
上海银行 *	Shànghǎi Yínháng	16
水煮牛肉	Shuǐzhǔ Niúròu	14
四川	Sìchuān	5
苏菜	Sūcài	14
苏格兰 *	Sūgélán	16
酸菜鱼	Suāncàiyú	14
泰山	Tài Shān	5
威廉	Wēilián	5
武夷山	Wǔyí Shān	5
西安	Xī'ān	5
香港 *	Xiānggǎng	16
湘菜	Xiāngcài	14
新天地 *	Xīntiāndì	16
粤菜	Yuècài	14
张新红	Zhāng Xīnhóng	11
浙菜	Zhècài	14
芝加哥	Zhījiāgē	10

中华人民共和国 56 个民族名称

（按照音序排列）

阿昌族	Āchāngzú	(AC)	傈僳族	Lìsùzú	(LS)
白族	Báizú	(BA)	珞巴族	Luòbāzú	(LB)
保安族	Bǎo'ānzú	(BN)	满族	Mǎnzú	(MA)
布朗族	Bùlǎngzú	(BL)	毛南族	Máonánzú	(MN)
布依族	Bùyīzú	(BY)	门巴族	Ménbāzú	(MB)
朝鲜族	Cháoxiǎnzú	(CS)	蒙古族	Měnggǔzú	(MG)
达斡尔族	Dáwò'ěrzú	(DU)	苗族	Miáozú	(MH)
傣族	Dǎizú	(DA)	仫佬族	Mùlǎozú	(ML)
德昂族	Dé'ángzú	(DE)	纳西族	Nàxīzú	(NX)
东乡族	Dōngxiāngzú	(DX)	怒族	Nùzú	(NU)
侗族	Dòngzú	(DO)	普米族	Pǔmǐzú	(PM)
独龙族	Dúlóngzú	(DR)	羌族	Qiāngzú	(QI)
俄罗斯族	Éluósīzú	(RS)	撒拉族	Sālāzú	(SL)
鄂伦春族	Èlúnchūnzú	(OR)	畲族	Shēzú	(SH)
鄂温克族	Èwēnkèzú	(EW)	水族	Shuǐzú	(SU)
高山族	Gāoshānzú	(GS)	塔吉克族	Tǎjíkèzú	(TA)
仡佬族	Gēlǎozú	(GL)	塔塔尔族	Tǎtǎ'ěrzú	(TT)
哈尼族	Hānízú	(HN)	土家族	Tǔjiāzú	(TJ)
哈萨克族	Hāsàkèzú	(KZ)	土族	Tǔzú	(TU)
汉族	Hànzú	(HA)	佤族	Wǎzú	(VA)
赫哲族	Hèzhézú	(HZ)	维吾尔族	Wéiwú'ěrzú	(UG)
回族	Huízú	(HU)	乌孜别克族	Wūzībiékèzú	(UZ)
基诺族	Jīnuòzú	(JN)	锡伯族	Xībózú	(XB)
京族	Jīngzú	(GI)	瑶族	Yáozú	(YA)
景颇族	Jǐngpōzú	(JP)	彝族	Yízú	(YI)
柯尔克孜族	Kē'ěrkèzīzú	(KG)	裕固族	Yùgùzú	(YG)
拉祜族	Lāhùzú	(LH)	藏族	Zàngzú	(ZA)
黎族	Lízú	(LI)	壮族	Zhuàngzú	(ZH)